◆ 프리미엄 세계 명작선 ◆

안네의 일기

The Diary of Anne Frank

안네 프랑크 원작 | 한상남 엮음 | 이주현 그림

지경사

머리말

〈안네의 일기〉는 네덜란드가 독일에 점령당해 있던 2년 동안
독일군의 박해를 피해 은신처에 숨어 지내야 했던 유대 인 소녀
안네 프랑크의 일기입니다.
안네는 생일날 부모님으로부터 선물받은 일기장에 '키티'라는
이름을 붙이고 은신처에서의 생활과 자신의 마음을 털어놓습니다.
이 일기장에는 전쟁에 대한 두려움, 이성 친구에 대한 고민,
부모님과의 갈등뿐만 아니라 자기 자신에 대한 반성과 희망이
생생하게 담겨 있습니다.
〈안네의 일기〉는 1944년 8월 1일로 끝이 나 있으며, 1944년 8월
4일 안네의 가족은 마침내 독일군에게 체포되어 수용소로
끌려가게 됩니다. 이후, 안네는 유대 인 포로 수용소를 떠돌다가
이듬해 3월 독일의 베르겐 베르젠 수용소에서 15세의 짧은 생을
마감합니다.
〈안네의 일기〉는 전쟁이 끝난 뒤 유일하게 살아 남은 안네의
아버지 오토 프랑크가 은신처에서 그들을 도와 준 네덜란드
인으로부터 건네 받은 안네의 일기장을 복사하여 주변 사람들과
돌려 보면서부터 세상의 빛을 보게 되었습니다.

이를 우연히 보게 된 네덜란드 대학의 한 교수가 책으로 출간할
것을 권하였고, 안네의 아버지는 내용을 추려 마침내 〈비밀의
별장〉이라는 이름으로 출판하였습니다.
이 책은 순식간에 수많은 양이 팔려 나갔고, 이후 안네의 일기
전체가 다른 출판사에서도 책으로 나왔습니다.
'나는 죽은 후에도 영원히 기억되고 싶어.' 라고 말한 안네의
소망처럼 〈안네의 일기〉는 오늘날에도 전 세계 사람들의 가슴을
울리며 큰 감동을 주고 있습니다.
두려움과 고통 속에서도 끝까지 희망을 잃지 않았던 15세의
사춘기 소녀 안네.
어린이 여러분은 〈안네의 일기〉를 통해 순수하고 아름다웠던 한
소녀의 꿈과 희망 그리고 전쟁이 인간에게 가져다 준 것들에 대해
생각해 보게 될 것입니다.

엮은이 한상남

차 례

주요 등장 인물

안네 프랑크

〈안네의 일기〉를 쓴 유대 인 소녀. 나치스의 유대 인
박해를 피해 은신처에서 생활하면서, '키티'라고 이름
붙인 일기장에 그간의 일을 소상히 기록하였다.
밝고 명랑하며, 곤경 속에서도 꿋꿋하게 이겨 내고자
노력한다.

오토 프랑크

안네의 아버지로, 유대 인 박해가 시작되자 이를
재빠르게 인식하고 가족들을 은신처로 피신시킨다.
남을 잘 배려하는 자상한 성격의 소유자로, 안네가
무척이나 좋아하고 따른다.

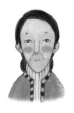

에디트 프랑크

안네의 어머니로, 은신처에서 생활하는 동안
나약해지고 예민해진다. 안네를 진심으로 걱정하지만
사춘기인 안네와 수시로 부딪치면서 마음 고생을 한다.

마르고 프랑크

안네의 언니로, 안네의 고민을 잘 들어 주며 영리하다.
부모의 사랑을 독차지한다는 이유로 안네의 질투의
대상이 되기도 하지만, 안네가 진심으로 믿고 따른다.

판 단 부부

은신처에서 안네의 가족과 함께 살게 된 유대 인 부부.
은신 생활 동안 가장 불만이 많고 서로 자주 다툰다.
특히 판 단 부인은 잔소리와 간섭이 심해
안네와 자주 충돌한다.

페터 판 단

판 단 부부의 아들로, 얌전하고 소심하다.
은신 생활 동안 안네와 마음을 나누는 사이가 되지만,
주로 안네에게 많이 의지한다.
미래에 대해 부정적인 생각을 갖기도 하는 등
자신감이 부족하다.

알베르트 뒤셀

미프의 소개로 은신처에 가장 마지막으로 들어온 유대
인 치과 의사로, 안네와 같은 방을 쓰게 된다. 잔소리가
심하고 제멋대로인 경향이 있어 안네의 미움을 받는다.
판 단 부인과도 사이가 좋지 못하다.

미프, 베프, 퀴흘레르, 클레이만

오토 프랑크가 운영했던 회사의 직원으로
네덜란드 인이다. 안네 가족이 사무실 위층에서
은신 생활을 하는 동안 적극적으로 도와 준다.
또한 안네 가족 및 은신하던 일행이 독일 경찰에게
발각되어 잡혀 가자, 안네의 일기장 및 물품을 보관하고
있다가 살아 돌아온 오토 프랑크에게 전해 준다.

1942년의 일기

나는 이전에 어느 누구에게도 털어놓지 못했던 내 비밀을

너에게 모두 털어놓을 생각이야.

부디 내 마음에 힘을 주는

편안한 친구가 되어 주었으면 좋겠어……

1942년 6월 14일 일요일

6월 12일 금요일에는 아침 6시에 눈을 떴어. 그 날은 내 생일이었어. 모두가 내게 어떤 선물을 줄지 무척이나 궁금했지만, 호기심을 꾹 참고 기다리다가 6시 45분이 되자 더 이상 참을 수가 없어서 일어나 식당으로 갔어. 고양이 모르체가 나를 보고 반가워했어.

7시가 되자, 나는 엄마 아빠에게 아침 인사를 한 뒤 거실에서 선물 포장을 뜯기 시작했어. 맨 처음에 가장 멋진 선물인 일기장, 네가 나왔지. 테이블 위에는 장미 꽃다발과 모란꽃 몇 송이가 있었고 많은 선물들이 놓여 있었어.

나는 부모님과 친구들에게서 여러 가지 선물을 받았어. 카메라와 파티 게임(파티용 장난감), 사탕과 초콜릿, 퍼즐, 브로치 그리고 몇 권의 책과 약간의 현금도 있었어.

잠시 후, 한넬리가 와서 함께 학교에 갔어. 쉬는 시간에 나는 아이들에게 쿠키를 나누어 주었어.

이제 그만 써야겠어. 우린 앞으로 단짝 친구가 되는 거야. 안녕!

1942년 6월 15일 월요일

일요일 오후에 생일 파티를 열었단다. 내 친구들과 린틴틴(개의 이름)이 나오는 영화를 보았는데, 친구들이 굉장히 좋아했어. 정말 신나는 시간이었어.

꽤 많은 여자 친구와 남자 친구들을 초대했어. 몇 년 동안 나와 가장 친했던 한넬리와 산네도 와 주었어.

한넬리는 요즘 다른 친구들과 더 친해졌고, 산네는 다른 학교에 다녀서 그 학교에 다니는 친구들과 더 친해.

그리고 나는 유대 인 학교에 가게 되면서 자클린을 알게 되었어. 우리는 많은 시간을 함께 지냈고, 지금은 자클린이 나의 제일 친한 친구야.

1942년 6월 20일 토요일

나는 일기를 쓰는 것에 대해 진지하게 생각해 보느라 여러 날 동안 일기를 쓰지 않았어. 사실 열세 살짜리 여자 아이가

1942년의 일기

일기장에 자기 마음 속의 비밀을 털어놓는 것에 대해 사람들은 그다지 흥미를 느끼지 않을 거라고 생각했거든. 하지만 무슨 상관이람. 나는 내 마음 속에 깊이 묻어 두었던 것들을 모조리 쏟아 내고 싶어.

'종이는 사람보다 인내심이 있다.' 라는 말이 있지. 어느 날 문득 이 말이 떠올랐지 뭐야. 그래, 종이가 인내심이 있다는 건 확실해. 진정한 친구를 만날 때까지는 일기를 누구에게도 보여 주지 않을 거야. 겉장에 〈일기〉라고 쓰인 이 노트에 무엇을 쓰든 눈여겨보는 사람은 없을 거야.

내가 일기를 쓰기 시작한 이유는 내게는 진정한 친구가 없기 때문이란다. 이 세상 사람들은 아무도 열세 살짜리 여자애가 스스로 외톨이라고 느낀다는 걸 모를 거야. 아니, 실제로 외톨이라고 해도 믿지 않을 거야.

물론 내게는 사랑하는 부모님이 계시고 열여섯 살 된 언니가 있어. 그리고 친구는 한 삼십 명쯤 될 거야. 남자 친구들도 많아. 모두들 내게 관심을 가진 애들이어서, 교실에서도 조그만 거울로 내 모습을 비춰 보곤 한단다. 또 우린 친척도 많아. 친절한 아줌마와 아저씨도 있고, 좋은 집도 있어.

이렇게 말하면 아무것도 부족한 게 없는 것처럼 보이지? 하지만 그저 장난치고 재미있게 놀기에 좋은 친구들일 뿐, 마음을 나눌 진정한 친구가 없단다. 나는 그 애들과는 주변의 평범한 일 외에는 함께 나누게 되지가 않아. 문제는 우리가 더 이상 가까워지기 힘들다는 거야. 아마도 나는 사람을 신뢰하는 마음이 부족한 것 같아.

그 해결책이 바로 일기장이야. 나는 이 일기장 속에 다른 사람들이 흔히 그러듯 단조로운 이야기를 줄줄이 늘어놓는 일은 하지 않을 거야. 나는 이 일기장을 친구로 생각하고 '키티(Kitty)'라고 부를 거야.

내가 무작정 키티에게 편지를 쓰기 시작한다면 대체 무슨 이야기를 하는 건지 알아듣기 힘들 거야. 그래서 쑥스럽지만 내가 살아 온 날들에 대한 이야기를 먼저 시작할게.

우리 아빠, 세상에서 가장 멋진 우리 아빠는 36세에 25세인 우리 엄마와 결혼했어. 언니 마르고는 1926년에 독일의 프랑크푸르트에서 태어났고, 나는 1929년 6월 12일에 태어났어. 우리는 유대 인이기 때문에 1933년에 네덜란드로 이민을 했고, 여기에서 아빠는 식품 회사를 차리셨어.

우리 식구들 외에 독일에 남았던 친척들은 히틀러의 반유대법이 발효된 이후 충격이 컸어. 그래서 우리는 날마다 그들 걱정으로 마음을 졸였단다.

1938년의 유대 인 학살 이후에 외삼촌 두 분은 미국으로 가셨고, 73세나 되신 할머니는 우리한테로 오셨어.

하지만 1940년 5월 이후, 좋은 시절은 끝나 버렸어. 전쟁이 터지고 네덜란드가 독일에 점령당하면서 우리 유대 인에게 괴로운 날들이 시작된 거야.

반유대법이 잇따라 공포되었어. 유대 인은 노란 별표를 달아야 한다, 자전거를 관청에 제출해야 한다, 자가용을 사용하는 것은 물론 전차를 타는 것도 금지한다, 유대 인은 오후 3시부터 5시 사이에만 물건을 살 수 있다, 유대 인은 유대 인전용 이발관을 이용해야 한다, 유대 인은 밤 8시 이후에는 집 안에만 있어야 한다, 그 시간 이후에는 자기 집 정원에 앉아 있는 것도 금지한다, 유대 인들은 연극이나 영화나 다른 오락 시설을 이용해서도 안 된다, 또한 수영장 · 테니스장 · 필드 하키장 등은 물론 그 밖의 다른 운동 경기장에 들어가는 것도 금지한다, 유대 인들은 기독교 신자들을 방문해서도 안 된다, 유대 인은 유대 인 학교에만 다녀야 한다 등등…….

그 밖에도 금지 사항이 엄청나게 많았어. 이것도 할 수가 없고, 저것도 금지가 된 상태였어. 그럼에도 불구하고 어쨌든 삶은 계속되었어.

내 친구들은 내게 이렇게 말하곤 했어.

"무슨 일을 하려면 겁부터 나. 그 일이 금지된 것인지 아닌지 모르니까."

할머니는 1942년에 돌아가셨어. 내가 마음 속으로 얼마나 할머니를 그리워하고 있는지, 아직도 얼마나 사랑하는지 아무도 모를 거야.

1934년에 나는 몬테소리 유치원에 갔고, 같은 재단인 초등 학교에 계속 다녔어. 그리고 6학년이 되었을 때, 나는 유대 인 학교에 가야 했기 때문에 그 곳을 떠나야 했어. 담임 선생님도 나도 울면서 헤어졌단다. 정말 슬펐어.

1941년에 언니 마르고와 함께 우리는 유대 인 중학교에 가게 되었어. 언니는 4학년에, 나는 1학년에. 이후 우리 가족 네 사람은 그런 대로 잘 지내고 있어. 이게 지금까지 내가 살아 온 이야기야.

1942년 6월 21일 일요일

사랑하는 키티에게.

우리 B반 아이들 전체가 떨고 있단다. 곧 진급 결정이 나기 때문이야. 누구는 진급할 거고 누구는 유급(윗학년으로 올라가지 못하고 남음)될 거라는 추측이 무성해.

G. Z와 나는 우리 뒷자리에 있는 C. N과 자크 때문에 엄청 웃게 되곤 해. 그 애들은 여름 방학 때 쓸 용돈이 한 푼도 안 남았을 거야. 하루 종일 "너는 진급될 거야." "아니야." "된다니까!" 하면서 돈을 걸고 내기를 하거든.

내 생각에는 우리 반의 4분의 1은 유급감이야. 그 중에는 어쩔 수 없는 멍청이들도 있어. 하지만 선생님들의 변덕을 누가 짐작하겠니.

나와 내 친구들은 모두 별로 걱정하지 않아. 나는 수학 성적이 좀 걱정되긴 하지만 진급하게 될 거라고 생각해. 우리는 참고 기다리면서 발표가 날 때까지 서로 격려하고 있어.

우리 선생님들은 일곱 분이 남자고 두 분이 여선생님인데, 모두 나에게는 잘 대해 주셔. 연세가 많으신 수학 담당 케이싱 선생님은 한동안 나에게 매우 화를 내셨어. 내가 너무 수다를 많이 떤다는 거야. 그래서 나는 그 벌로 '수다쟁이'에 관해 작문을 해야만 했단다. 수다쟁이에 관한 글이라니……. 대체 무얼 써야겠니?

줄곧 고민하다가 문득 좋은 생각이 떠올라서, 나는 3페이지를 기분 좋게 메울 수 있었단다. 이런 내용이었어.

수다는 여성의 특징이다, 나는 앞으로 수다를 떨지 않도록 최선을 다하겠지만, 완전히 고치기는 어려울 것이다, 왜냐 하면 우리 어머니도 나만큼, 어쩌면 나보다 더 수다쟁이니까, 부모님으로부터 물려받은 유전을 내가 어찌할 수 있단 말인가?

케이싱 선생님은 내 작문을 읽고 한참 웃으셨지만, 나는 다음 시간에도 계속 수다를 떨었기 때문에 두 번이나 더 작문을 짓는 벌을 받아야 했단다.

세 번째 작문 제목은 '수다쟁이 아줌마가 꽥꽥거린다'였

안네의 일기

어. 교실 전체가 웃음바다가 되었는데, 나는 이 주제에 관해서 더 이상 쓸 이야깃거리가 없기 때문에 이제는 뭔가 다른 새로운 수법의 글을 써야 한다고 생각했지.

다행히도 마침 시를 잘 쓰는 친구 산네가 도와 주겠다고 나섰어. 그래서 이번엔 시로 써 보기로 했어. 케이싱 선생님은 이런 우스꽝스러운 제목의 과제를 내서 나를 바보로 만들려고 하셨겠지. 그러니 나도 교실 안에서 선생님이 웃음거리가 되도록 만들어야 하지 않겠어?

시는 썩 훌륭하게 지어졌어. 엄마오리와 아빠백조 그리고 세 마리의 아기오리 이야기인데, 아기오리들이 너무 꽥꽥거려서 아빠백조가 물어 죽인다는 내용이야. 다행스럽게도 이야기 속 농담을 알아채신 케이싱 선생님은 교실에서 큰 소리로 읽어 주시고 칭찬도 곁들여 주셨어. 다른 반에서도 읽어 주셨다지 뭐야.

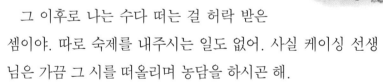

그 이후로 나는 수다 떠는 걸 허락 받은 셈이야. 따로 숙제를 내주시는 일도 없어. 사실 케이싱 선생님은 가끔 그 시를 떠올리며 농담을 하시곤 해.

그럼 안녕! 안네가.

1942년의 일기

사랑하는 키티.

오늘은 푹푹 찌는 듯한 무더운 날씨야. 모든 것이 녹아 내 릴 듯한데, 이 더위 속에서 나는 어디를 가든 걸어가야만 한 단다.

전차는 편리한 운송 수단이지만 우리 유대 인에게는 금지 된 사치품일 뿐이야. 걸어다니는 것만으로도 감지덕지하라는 거지.

페리(작은 나룻배)는 탈 수 있어. 지난번에 부두에 갔을 때 우리가 부탁하니까 단번에 태워 주었어. 유대 인이 탈 수 있 는 건 그런 정도야.

 어제는 재미있는 일이 있었어. 자전거 보관소 앞 을 지나는데, 누군가가 나를 부르잖아. 잘생긴 남자 아이였어. 며칠 전 내 친구 빌마의 집에서 만났던 아이야.

그 애가 자기는 헬로 실베르베르라고 소개하더니 머뭇거리 면서 학교에 함께 가도 되겠느냐고 묻는 거야.

"우린 어차피 같은 방향으로 가잖아. 그러지 뭐."

나는 좀 놀랐지만 이렇게 대답했고, 우리 둘은 함께 학교로 향했어. 헬로가 자기는 열여섯 살이라고 했고, 걸어가는 동안 재미있는 이야기를 많이 해 주었어.

그 애는 오늘 아침에도 나를 기다리고 있었어. 아마 앞으로도 그럴 거라고 생각해.

그럼 안녕! 안네가.

키티에게.

그 동안 너에게 일기를 쓸 시간이 없었어.

목요일에는 하루 종일 친구와 함께 지냈고, 금요일에는 집에 손님이 오셨어. 그러다가 오늘이 된 거야.

헬로와 나는 지난 한 주 동안 많이 가까워졌어. 그 애가 자신에 관한 이야기를 들려 주었는데, 부모님은 벨기에에 계시고 그 애는 네덜란드에 혼자 와서 할머니, 할아버지와 함께 살고 있대.

헬로에게는 우르쥘라라는 여자 친구가 있었어. 나도 아는 아이인데 좀 둔한 아이야. 헬로는 나를 만난 후에 자기 여자 친구에 대해 지금까지 멍청한 환상을 갖고 있었다는 걸 깨달은 모양이야. 내가 그 애를 그렇게 만든 것 같아.

일요일 6시쯤 헬로가 전화를 했어.

"너를 잠깐 만나서 이야기라도 하고 싶은데, 내가 10분 안에 그리로 가도 되겠니?"

"그래, 알았어. 이따 봐."

나는 급히 옷을 갈아 입고 머리를 약간 손질하고는 초조하게 그를 기다렸어. 벨이 울리는 소리를 듣고 내가 문을 열었을 때, 그 애가 마치 쏟아 붓듯이 말했어.

"안네, 우리 할머니는 네가 나랑 만나기에는 너무 어리다고 생각하셔. 그래서 우르쉴라를 만나라고 하시는데, 너도 알겠지만 나는 다시 우르쉴라랑 사귈 생각 따위는 없어."

"왜 그렇게 됐어? 너희들 싸웠니?"

"싸운 건 아니야. 단지 나는 우르쉴라에게, 우리는 잘 안 맞는 것 같으니까 더 이상 만나지 않는 게 좋겠다고 말했을 뿐이야. 나는 우르쉴라가 나와 사귀면서도 다른 남자 애들과 데이트하는 것을 알고 있었기 때문에, 나 또한 그런 정도로만 사귀었어. 우리 할머니는 내가 너보다 우르쉴라랑 만나기를 바라시지만 노인네들의 고리타분한 말을 그대로 따를 수는 없잖아? 앞으로 수요일 저녁 그리고 토요일과 일요일 오후에는 너를 만날 수 있어. 시간을 더 낼 수도 있을 거야."

"하지만 할머니가 반대하시는데 몰래 만날 수는 없어."

"사랑하니까 무슨 수가 생길 거야."

그런데 우리가 이야기를 하며 길모퉁이에 있는 서점 앞을 지나갈 때, 거기에 있던 페터르 스히프가 내게 알은체를 하지 뭐야. 아주 오랜만에 그 애가 말을 걸어 주어서 나는 몹시 기뻤어.

그럼 안녕! 안네가.

안네의 일기

1942년 7월 3일 금요일

사랑하는 키티에게.

어젯밤에 헬로가 우리 집에 와서 부모님께 인사를 했어. 나는 크림 케이크랑 사탕, 차, 예쁜 비스킷 등을 준비했는데, 긴장한 채 나란히 앉아 있는 건 정말 고역이었어. 그래서 우리는 잠깐 동안 산책을 했는데, 그 애가 나를 다시 집에 데려다 주었을 때는 이미 8시 10분이었어. 아버지는 유대 인 여자 애가 8시 넘어서까지 밖에 있는 건 위험하다며 못마땅해하셨어. 그래서 앞으로는 적어도 8시 10분 전까지는 들어오겠다고 약속했단다.

내일은 그 애의 집에 초대 받은 날이야. 내 친구 자클린은 헬로와 만나는 것에 대해 내내 나를 놀리며 성가시게 하곤 해. 솔직하게 말해서 나는 사랑에 빠진 건 아니야. 다만 남자 친구를 사귀는 것뿐이야.

헬로가 내게 푹 빠져 있다는 건 누구나 알 수 있어. 마르고 언니도 '헬로는 점잖은 청년'이라고 말했단다. 나도 인정해. 엄마도 잘생기고 예의바른 멋진 아이라고 칭찬하셨어. 우리 가족들이 헬로를 칭찬하니까 기분이 좋아.

그럼 안녕! 안네가.

1942년의 일기

키티에게.

지난 금요일에 우리의 시험 결과가 발표되었어. 나는 좋은 성적을 기대하진 않았지만 나쁘지 않은 성적이었어. 대수(수학)만 5점이었고, 두 과목이 6점, 나머지는 7점과 8점이었거든. 우리 가족들도 기뻐했어. 하긴 우리 부모님은 다른 부모들과는 달리 내 성적에는 별로 신경을 쓰지 않으셔. 내가 건강하고 행복하기만을 바라시고 너무 건방진 아이만 아니면 된대.

하지만 내 생각은 정반대야. 나는 공부 못 하는 학생이 되는 건 싫거든. 사실 나는 원래 몬테소리 학교의 7학년으로 올라가야 했는데, 그 곳에서 더 이상 나를 받아 주지 않았어. 유대 인 아이들은 모두 유대 인 학교에 다녀야 한다는 결정이 났기 때문에 나와 리스는 유대 인 학교에 들어가게 된 거야. 나는 열심히 공부해서 우리를 믿고 계시는 교장 선생님을 실망시키고 싶지 않아.

우리 언니 마르고는 늘 그랬듯이 훌륭한 성적표를 받았어. 우리 학교에 표창 제도가 있다면 언니가 따냈을 거야. 언니는 정말 머리가 좋아.

아빠는 요즘 자주 집에 계시곤 해. 회사에서 손을 떼신 것 같아. 1941년에 설립한 아빠의 식품 회사는 클레이만 씨와 퀴흘레르 씨가 맡아서 일하기로 했대.

며칠 전에 아빠랑 거리를 걷고 있었는데, 어쩌면 우리가 숨어서 살게 될 거라는 이야기를 처음으로 하셨어. 내가 왜 그래야 하느냐고 물으니까 아빠가 말씀하셨어.

"안네, 너도 알고 있지? 우리가 1년 전부터 음식물이랑 옷가지, 가구 따위를 다른 곳으로 옮기고 있었다는걸. 독일군에게 빼앗기지 않기 위해서야. 하지만 그보다 더 중요한 건 우리가 놈들의 손에 잡히지 않아야 한다는 거야. 그래서 우리는 그들이 우리를 잡으러 오기 전에 먼저 숨어야 해."

"그런데 그게 언제예요?"

아빠가 심각하게 이야기했기 때문에 나는 몹시 걱정이 되었어.

"너무 걱정하지는 마라. 준비는 잘 되고 있단다. 그 동안은 티없이 자라도록 해라."

1942년 7월 8일 수요일

키티에게.

일요일부터 오늘까지 지내는 동안 몇 년의 세월이 흐른 것 같아. 너무나 많은 일들이 한꺼번에 일어나서 마치 세상이 온통 뒤바뀐 기분이야. 하지만 키티, 나는 여전히 살아 있고,

지금은 그것이 가장 중요한 일이라고 아빠가 말씀하셨어.

그래, 나는 살아 있어. 하지만 어디에서 어떻게 살고 있는지는 묻지 말아 줘. 도저히 한 마디로는 설명할 수 없으니까.

지금부터 일요일 오후에 어떤 일이 있었는지 차근차근 이야기할게.

오후 3시였어. 누군가가 초인종을 눌렀어. 그리고 잠시 후, 마르고 언니가 몹시 흥분한 모습으로 들어와서 속삭였어.

"나치스 친위대에서 아빠에게 소환장을 보내 왔어. 엄마는 벌써 판 단 아저씨(판 단 아저씨는 아빠의 직장 동료야.)를 만나러 가셨어."

나는 충격을 받았어. 그게 무슨 뜻인지 잘 알고 있었거든. 우리 아빠가 수용소나 감옥에 갈 수도 있다는 얘기야.

엄마를 기다리는 동안 마르고 언니가 단호하게 말했어.

"엄마는 우리가 숨어서 살 장소로 내일 옮겨 가는 게 나은지 어떤지를 판 단 아저씨와 의논하러 가셨어. 판 단 아저씨 가족도 우리와 함께 갈 예정이거든. 모두 합해 일곱 명이야."

가슴이 답답했어. 아빠는 지금쯤 아무것도 모른 채 유대 인 요양소에서 봉사하고 계실 테니까 말이야.

갑자기 다시 초인종이 울렸어.

"문 열지 마."

언니가 뒤에서 나를 잡으며 말했는데, 바로 그 때 엄마와 판 단 아저씨가 집 안으로 들어오더니 재빨리 문을 잠갔어. 그 때부터는 벨이 울릴 때마다 언니와 내가 아래층에 내려가서 아빠인지 아닌지 확인하기로 했어. 아빠가 아닌 누구에게도 현관문을 열어 주면 안 되었으니까.

판 단 아저씨와 엄마는 줄곧 무언가를 의논하셨어.

언니와 내가 단둘이 침실에 있게 되었을 때, 마르고 언니는 그 소환장이 사실은 아빠에게 나온 것이 아니라 언니에게 나온 것이라는 이야기를 털어놓았어. 나는 더욱 무서워져서 훌쩍거리기 시작했어. 언니는 겨우 열여섯 살이야. 그 사람들은 이렇게 어린아이를 어떻게 혼자 잡아가겠다는 걸까? 아빠가 우리 모두가 숨어 살게 될 거라고 하신 말씀이 바로 이런 일 때문이었던 거야.

숨어 산다면…… 우린 어디로 가게 될까? 도시일까, 시골일까? 번듯한 집일까, 오두막일까? 언제 어디로 가서 어떻게 살게 될까? 나는 이 많은 궁금증을 입 밖에 낼 수도 없었어.

언니와 나는 짐을 싸기 시작했어. 중요한 것들만 책가방에 꾸려 넣었어. 내가 제일 먼저 챙긴 것은 일기장이었어. 그리고 머리핀, 손수건, 교과서, 빗, 오래 된 편지 등을 챙겼어.

5시가 되자 마침내 아빠가 도착하셨어. 우리는 클레이만 씨에게 전화를 걸어 그 날 밤에 우리 집으로 와 달라고 부탁했어.

1942년의 일기

판 단 아저씨는 미프를 데리러 갔어. 미프는 1933년부터 계속 아빠의 회사에서 일해서 우리와 아주 절친한 사이거든. 그녀의 남편 얀 히스 씨 역시 우리와 아주 친해.

미프가 와서 구두, 옷, 코트, 속옷 등을 그녀의 가방 속에 넣고는 저녁에 다시 오겠다고 약속하고 떠났어. 그러자 온 집안이 적막해졌어. 아무도 밥 먹을 생각조차 하지 않았어. 날씨는 여전히 더웠고, 모든 게 낯선 상황이었거든.

우리 집 2층의 큰 방에는 홀트스미트라는 이혼한 남자 한 사람이 세들어 살고 있는데, 그는 그 날 따라 할 일이 없는지 10시까지도 아래층을 어슬렁거리는 거야. 우리는 무례하게 그를 내보낼 수가 없어서 아주 곤란했어.

11시가 되자 미프와 얀이 도착했어. 두 사람은 이번에도 미프의 큰 가방에다 구두랑 양말, 책, 속옷 따위를 넣고, 얀은 주머니까지 가득 채웠어. 두 사람은 30분 후에 돌아갔어.

나는 너무 피곤한 나머지 그 날 밤이 내 침대에서 자는 마지막 밤이라는 것을 알면서도 금방 잠들어 버렸어.

다음 날 새벽 5시 반에 엄마가 나를 깨웠어. 다행히 날씨는 덥지 않았고, 비가 내렸어.

우리는 마치 북극에라도 가는 사람들처럼 많은 옷을 껴입었어. 옷을 최대한 많이 가져가기 위해서였어. 이런 상황에서 유대 인인 우리가 큰 가방을 가지고 밖으로 나가는 건 꿈도 못 꿀 일이거든.

나는 속옷 두 개에 바지 세 개를 껴입고 그 위에 원피스를 입고 치마와 재킷을 입었어. 그리고 여름 외투를 걸치고 양말 두 켤레를 신은 다음 끈을 묶는 구두를 신었지. 털모자에 목도리를 하고 나서도 가져갈 건 여전히 남았어. 출발하기도 전에 이미 질식해 버릴 지경이었지만, 바깥으로 나갔을 때 다행히 수상하게 여기는 사람은 없었어.

마르고 언니는 책을 잔뜩 넣은 가방을 가시고 미프와 함께 자전거를 타고 먼저 떠났어.

우리는 7시 반에 집을 나섰어. 나는 고양이 모르체에게 작별 인사를 했지. 홀트스미트 씨에게 고양이를 이웃에게 부탁해 달라는 편지를 남겨 두었어.

부엌에는 고양이를 위해 고기를 좀 남겨 두었어. 아침 먹은 흔적이 어지러운 식탁과 구겨진 침대 시트 따위는 우리가 허둥지둥 떠났다는 걸 알려 주겠지. 그러나 그런 것까지 신경쓸 여유가 없었어. 우리의 관심사는 오로지 무사히 탈출해서 안전한 곳에 도착하는 일뿐이었거든.

그럼 안녕! 안네가.

1942년 7월 9일 목요일
키티에게.

우리 세 사람, 아빠와 엄마와 나는 각자 이런저런 물건들로 가득 채운 책가방과 쇼핑백을 들고 쏟아지는 빗속을 걸어갔어. 출근하는 사람들이 동정하듯 우리를 바라보았어. 번쩍이는 노란색 별이 우리가 유대 인임을 알려 주고 있었거든.

길을 가면서 아빠가 우리의 계획을 말해 주었어. 그 동안 몇 달에 걸쳐서 생활에 필요한 많은 물건들을 이미 은신처로 옮겨 놓았고, 머지않아 우리도 옮겨 갈 예정이었다는 거야. 소환장 때문에 날짜가 열흘 정도 앞당겨졌지만, 앞으로 우리는 최선을 다해 살아 나가야 한다고 하셨어.

우리의 은신처는 놀랍게도 아버지의 회사가 있는 건물 안에 있단다. 외부 사람들은 좀 이해하기 힘든 일이겠지만, 이 일에 관해서는 나중에 설명할게.

아버지는 직원을 많이 쓰지 않으셨어. 우리가 이 곳으로 옮겼다는 것을 아는 사람들은 회사 중역인 퀴흘레르 씨, 클레이만 씨, 미프 그리고 스물세 살짜리 여사무원 베프 등 네 사람이야. 베프의 아버지인 포스콰일 씨와 창고에서 일하는 두 젊은이들에게는 말하지 않았어.

내가 이 빌딩의 구조를 설명할게.

1층에는 큰 창고 같은 방이 있어. 또 그 곳에는 방이 여러 개로 나뉘어 있는데 계피, 정향(말린 정향나무의 꽃봉오리로, 심장이나 복부가 차서 생기는 통증, 구토, 설사의 치료제로 씀), 후추 등을 보관하는 저장실과 그것을 가루로 빻는 방 등이 있

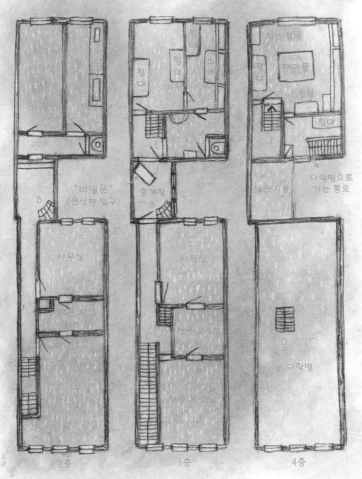

"비밀문"
(은신처 입구)

중계청

다락방으로
가는 통로

낮은 지붕

침대

테이블

침대

사무실

사장실

다락방

D

2층

3층

4층

집 앞을 지나가는 도로

운하

어. 그 창고 바로 옆에 건물로 들어오는 정문이 있어.

정문 안에는 그림에서 보이는 계단(A)으로 이어지는 두 번째 입구가 있어. 계단을 올라가면 바로 오른쪽에 문이 있는데, 그 문의 불투명한 유리에 검은 글씨로 〈사무실〉이라고 씌어 있단다. 집기가 가득한 이 큰 사무실은 아주 넓고 밝은 곳이야. 베프, 미프, 클레이만 씨 등이 낮에 여기에서 일해.

그 옆으로는 금고며 옷장, 큰 찬장 등을 갖춘 작고 어두운 방이 있어. 또 그 옆의 작은 사무실은 원래 퀴흘레르 씨와 판 단 아저씨가 사용하고 있었는데, 지금은 퀴흘레르 씨만 사용해. 그 방은 복도에서도 곧장 들어갈 수 있단다.

퀴흘레르 씨의 방에서 석탄 저장소를 지나 긴 복도를 통과하면 네 칸의 계단이 나오는데, 이 건물에서 가장 좋은 방으로 이어지는 곳이야. 바로 사장실이지. 고급 가구들, 리놀륨 바닥에 깔린 카펫, 라디오, 멋진 전등, 모든 게 일품이야. 물 끓이는 포트와 수도, 가스 스토브까지 갖춘 주방이 딸려 있단다. 그 옆에는 화장실도 있어. 이것이 이층의 모습이야.

다시 돌아가서 그림에서 보이는 나무 계단(B)을 오르면 3층의 좁은 층계참(층계의 중간에 있는 좀 넓은 곳)이 나와. 이 층계참의 양쪽 끝에는 문이 하나씩 있어. 왼쪽 문을 열면 집의 큰길 쪽에 면해 있는 상품 보관실로 이어지고, 다락방으로 가는 계단(D)도 보여. 복도 끝에는 아주 가파른 층계(C)가 있는데, 이 곳은 곧장 거리로 나갈 수 있는 또 다른 문으로 연결된단다.

층계참의 오른쪽 문 안에는 우리가 머무는 '비밀의 집'이 있어. 평범한 회색 문 안에 그렇게 많은 방이 숨겨져 있으리라고는 아무도 생각지 못할 거야. 문 앞의 작은 층계 하나를 올라오면 우리가 숨어 있는 곳이란다.

입구의 맞은편에는 가파른 계단(E)이 있어. 계단 왼쪽에 있는 좁은 통로는 우리 가족의 방들로 이어지지. 프랑크 일가의 거실 겸 침실, 그리고 그 옆의 작은 방은 우리 자매의 공부방 겸 침실이야. 오른쪽에 있는 창문이 없는 작은 방은 화장실 겸 세면실이야. 화장실에 딸린 또 하나의 방이 나와 마르고 언니의 방이야.

누군가가 그 다음 계단을 올라가서 문을 열어 보면 아마도 깜짝 놀랄걸. 이렇게 크고 밝은 방이 이 오래 된 건물 속에 있다는 것에 말이야. 이 방에는 가스 스토브와 싱크대도 갖춰져 있어. 이 방이 전에 실험실로 쓰였던 덕분이래. 이 곳은 지금 판 단 아저씨 부부의 방이자, 우리 모두를 위한 거실 겸 식당 겸 주방이 될 거야.

이 곳 옆의 좁은 복도를 겸한 방은 페터 판 단의 거실이 될 거야. 그리고 여기에도 아래층과 같은 큰 다락방이 있단다.

자아, 이게 다야. 이만 우리들의 멋진 '비밀 별장'에 대한 소개를 끝낼게.

1942년 7월 10일 금요일

키티에게.

우리가 사는 곳에 대해 너무 쉬지도 않고 떠들어 대서 몹시 지루했을 거야. 하지만 우리가 자리잡은 곳이 어떤 곳인지 네가 알아야 한다고 생각했어.

아직도 할 얘기가 많아. 우리가 이 곳에 도착하자, 미프가 재빨리 우리를 이층의 은신처로 데려다 주었어. 방 안에 들어서니, 비로소 우리 가족만 남게 되었어. 마르고 언니는 이미 와 있었어.

방들은 어디든 어수선한 상태였어. 오래 전부터 옮겨진 상자들이 마루며 침대에까지 가득 쌓여 있었어. 작은 방에는 이불이 천장까지 쌓여 있더군.

당장 청소부터 시작해야만 했어. 하지만 언니와 엄마는 피곤에 지친 채 침대 위에 늘어져 버렸단다. 아마도 비참하고 처량한 기분이었을 거야. 그래서 아빠와 내가 정리를 시작했어. 하루 종일 상자들을 풀어서 수납장에 정리하고, 기진맥진할 때까지 망치질을 해댔지. 그래서 밤에는 말끔한 침대에 들어갈 수 있었단다.

하루 종일 먹는 것에는 신경조차 쓰지 못했어. 엄마랑 언니는 무얼 먹을 기운도 없이 지쳐 있었고, 아빠랑 나는 너무 바빴거든.

화요일 아침에는 베프와 미프가 우리의 배급품을 타다 주었고, 우리는 계속해서 집 정리를 했어. 아빠는 전등 시설을 고쳤고 우리는 부엌 바닥을 하루 종일 쓸고 닦았어. 우린 모두 갑작스레 삶에 닥쳐온 변화에 대해 생각해 볼 시간조차 없었어.

수요일에야 나는 비로소 여유가 생겨서, 나에게 어떤 일이 일어났는지 또 앞으로 어떤 일이 일어날 것인지에 대해 돌아볼 수 있게 되었단다.

그럼 안녕! 안네가.

1942년 7월 11일 토요일

키티에게.

이 곳에서의 생활은 왠지 마음이 안정되지가 않아. 진짜 우리 집 같지가 않다고나 할까? 하지만 이런 생활이 끔찍하게 싫은 것만은 아니야. 이건 마치 아주 독특한 별장에서 휴가를 보내는 기분이란다. 좀 이상하다고 생각할지는 모르지만, 왠지 그런 느낌이 드는걸.

'비밀 별장'은 숨어 사는 데는 제격이야. 한쪽이 좀 기울고 습기가 차긴 하지만 암스테르담 전체에서, 아니 네덜란드 전체에서도 숨어 살기에 이보다 더 적당한 곳은 없을 거야.

우리 방의 벽은 처음에는 아무것도 없어서 매우 썰렁해 보였어. 하지만 다행히 내가 모아 두었던 배우 사진이랑 그림 엽서 등을 아빠가 미리 옮겨 놓았고, 내가 풀과 붓으로 벽 전 체를 거대한 그림으로 장식해 놓았기 때문에 아주 신나는 분위기가 되었단다. 판단 아저씨네가 오면 다락방에 있는 목재를 좀 얻어서 벽 앞에다 장식장을 만들고 자잘한 수납장을 만들 수 있을 거야.

언니와 엄마의 건강은 좀 좋아졌어. 어제는 엄마가 처음으로 수프를 만들어 주었지.

우리 네 사람은 어젯밤에 2층의 사장실로 가서 라디오를 들었어. 나는 누군가에게 들킬까 봐 무서워서 그냥 3층으로 올라가자고 아빠를 졸랐단다. 우리는 이웃 사람들이 우리의 소리를 듣거나 무슨 일인가 진행되고 있다는 것을 눈치챌까 봐 여러 모로 예민해져 있어.

첫날, 우리는 커튼을 만들어 달았어. 사실 무늬도 천도 다른 각각의 헝겊 조각을 아빠와 내가 엉성하게 꿰어 맞춘 보잘 것 없는 커튼이야. 커튼을 창문에 단단히 고정시켜 두었으니, 우리가 여기 사는 걸 들킬 때까지 떨어지지는 않을 거야.

이 집의 오른쪽 건물에는 몇 개의 사업체들이 들어서 있고, 왼쪽 건물에는 가구 공장이 있어. 작업 시간 이후에는 모두 퇴근하지만, 우리는 소리가 새어 나갈까 봐 여간 조심하지 않아. 심지어 독감에 걸린 마르고 언니는 밤에도 기침을 하지

1942년의 일기

않으려고 감기약을 잔뜩 삼켰어.

나는 판 단 아저씨가 오는 화요일을 기다리고 있어. 그 날은 그렇게 조심하지 않아도 될 거고 무척 재미있을 테니까.

나를 가장 두렵게 만드는 건 저녁과 밤의 고요함이야. 우리를 도와 주는 사람들 중 한 명이라도 밤에 이 곳에서 함께 잤으면 좋겠어.

밖에 나갈 수 없는 게 얼마나 숨막히는 일인지 아니? 게다가 나는 우리가 발각되고 총살당할까 봐 너무 무서워. 그래서 낮 시간에도 소곤거리며 말해야 해. 자칫하면 물품 창고에서 일하는 사람들이 우리들의 소리를 듣게 될 수도 있거든.

아, 누가 나를 부르네.

그럼 안녕! 안네가.

1942년 8월 14일 금요일

사랑하는 키티에게.

한 달 내내 너를 만날 수 없었어. 솔직히 말하면 여기에서는 너에게 날마다 들려 줄 만한 흥미로운 이야깃거리를 찾을 수가 없어.

판 단 아저씨 가족은 7월 13일에 이 곳으로 왔어. 독일군이 13일부터 16일까지 무더기로 소환장을 발부한다는 소문에 서둘러 움직였다는 거야.

아침 9시 30분에 우리가 아침을 먹고 있는데, 판 단 아저씨의 아들 페터가 왔어. 곧 열여섯 살이 되는 아이인데, 소심하고 부끄럼을 잘 타는데다가 멍청한 구석이 있어. 그래서 별로 좋은 친구가 될 것 같지는 않아. 그 애는 고양이 무시를 데리고 왔어. 판 단 아저씨 부부는 30분쯤 뒤에 도착했어.

그 날 이후, 두 가족이 함께 식탁에 둘러앉으니 우리는 마치 대가족이 된 것 같았어. 판 단 아저씨는 우리 가족이 숨어 있던 일 주일 동안 밖에서 무슨 일이 있었는지 자세히 이야기해 주었어. 가장 재미있었던 건 우리 집에서 일어난 일과 홀트스미트 씨의 반응이었어.

"월요일 아침 아홉 시에 홀트스미트 씨가 전화를 해서 빨리 와 달라는 거야. 그는 몹시 당황하고 있었어. 그는 안네가 써 둔 편지를 내게 보여 주면서, 편지에 쓰인 대로 고양이를 이웃집에 맡기고 싶어했어. 그는 가택 수색을 당할까 봐 걱정하더군.

우리는 방들을 모두 정리했지. 그러다가 나는 문득 책상 위에서 마스트리히트(벨기에 국경과 가까운 도시)의 주소가 쓰인 쪽지를 발견했어. 난 프랑크 씨가 일부러 그것을 놓아두었다는 걸 금방 알아차렸지만 몹시 놀란 체했지. 그리고 홀트스미트 씨에게 이런 불길한 쪽지는 바로 찢어 버리라고 했어. 나는 줄곧 당신들이 사라진 일에 대해 모르는 체 시치미를 떼고 있었는데, 그 종이를 본 순간 기발한 생각이 떠올랐지 뭐야. 그래서 말했지.

'홀트스미트 씨, 그 주소가 뭔지 알 것 같아요. 한 6개월쯤
전에 고급 장교 한 사람이 우리 사무실에
왔어요. 프랑크 씨와는 아주 친한 듯했
어요. 그는 프랑크 씨에게 자신의 도
움이 필요할 때면 언제든 도와 주겠다
고 했지요.

그 사람이 마스트리히트에 주재하고 있었어요. 내 생각에
는 그가 전에 한 약속대로 어떤 경로를 통해서 프랑크 씨
가족을 벨기에로 보내고, 거기서 스위스로 보내지 않았나
싶네요. 혹시 궁금해하는 친구가 있으면 그렇게 말해야겠
어요. 물론 마스트리히트는 말하지 않고 말이에요.'

이런 이야기를 나누고 그 집을 떠나왔어. 이제 당신 친구들
대부분은 그렇게 알고 있을 거야. 나도 다른 사람들에게서
여러 번 그 이야기를 들었을 정도니까 말이야."

이 이야기는 정말 재미있었어. 사람들은 때로 풍부한 상상
력을 발휘하나 봐. 누군가는 우리 가족이 아침 일찍 두 명씩
자전거를 타고 지나가는 것을 보았다고 하고, 또 어떤 사람은
우리가 한밤중에 군용 트럭에 실려 갔다고 진지하게 말했다
는 거야.

그럼 안녕! 안네가.

1942년 8월 21일 금요일

키티에게.

우리 은신처의 입구는 완벽하게 감춰져 있단다. 문 앞에 책장을 놓아 두었는데, 그 책장은 회전하면서 문처럼 열리게 되어 있어. 베프의 아버지 포스콰일 씨가 만들어 준 거야. 우린 이미 그에게 비밀을 다 털어놓았고, 그 사람은 더없이 잘 도와 주고 있어.

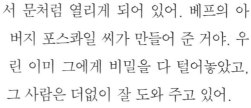

나는 9월까지는 여름 방학이라고 생각할 거야. 그래서 지금은 공부를 안 하고 있어. 그 이후에는 아빠에게 공부를 배우게 될 거야.

이 곳에선 별다른 일이 없어. 나는 자주 판 단 아저씨와 충돌하곤 해. 또한 엄마는 나를 어린애 취급하는데, 그건 정말 참을 수가 없어. 페터에 대해서도 여전히 호감은 없어. 걸핏하면 침대에 누워서 빈둥거리는 따분한 아이거든.

1942년 9월 21일 월요일

판 단 아줌마는 걸핏하면 내가 수다스럽다고 핀잔을 주곤 해. 하지만 난 별로 개의치 않는단다. 그 사람은 우리를 괴롭히는 일에 이골이 난 분이니까 말이야.

나는 요즘 아빠와 함께 우리 집 가계도를 만드는 일에 열중

안네의 일기

이란다. 아빠는 그걸 만드는 동안 조상들에 관한 이런저런 이야기를 들려 주셨어.

클레이만 씨는 매주 한 번씩 내게 새로운 책 몇 권을 가져다 주시곤 해. 〈요프 테르 헬〉 시리즈는 정말 재미있었어.

지금은 새 학기가 시작되었어. 나는 불어(프랑스 어) 공부를 열심히 하고 있어. 하루에 불규칙 동사를 다섯 개씩 외울 거야. 페터도 영어 공부 때문에 골치를 앓고 있어.

우리는 가끔 런던에서 보내는 네덜란드 뉴스를 듣곤 해. 최근에는 베른하르트 왕자의 이야기도 들었어. 내년 1월쯤 율리아나 왕자비가 아기를 낳을 거라고 했어. 멋진 일이야.

이 곳 어른들이 의논한 끝에, 페터와 나에게 성인용 책은 아직 금지해야 한다는 결론을 내렸어. 하긴 나는 아직 철학이나 심리학 또는 생리학 등의 어려운 용어에 대해서는 아는 게 없는걸. 내년쯤에는 더욱 많은 걸 알게 되겠지.

나는 요즘 뜨개질을 시작했어. 내가 이 곳으로 가지고 온 겨울 옷이 긴 소매 원피스 하나에 스웨터 3장뿐이어서 점퍼를 하나 짜기로 했거든.

내가 아까 판 단 아줌마의 흉을 보았는데, 글쎄 조금 전에 아줌마가 느닷없이 들어와서는 내게 일기장을 보여 달라고 하는 게 아니겠어?

"맨 끝 페이지만 볼게, 응?"

"절대 안 돼요."

1942년의 일기

맨 끝 페이지에는 아줌마 흉을 본 내용이 있으니 내가 얼마나 당황했는지 알겠지?

이만 안녕!

1942년 9월 25일 금요일

키티에게.

어제 저녁때 나는 가끔 그렇듯이 위층에서 판 단 아저씨 부부와 이야기를 나눴어. 때로는 재미있는 시간이기도 해. 우리는 페터에 관해서 이야기했는데, 나는 페터가 가끔 내 뺨을 만지는 행동을 하는 게 싫다고 이야기했어.

그런데 부모란 다 자기 자식 일에는 그런 것인지, 페터가 나를 좋아하고 있으니까 내가 페터에게 좀 호감을 보여 주면 안 되겠냐고 말하는 거야.

"그건 싫어요!"

나는 생각하기도 싫었기 때문에 단호하게 대답했어. 그리고 내 생각에 페터는 아마도 여자 아이와 사귀는 게 좀 서투른 것 같은데, 수줍음을 타는 아이들이 대개 그렇다고 말해 주었어.

그럼 안녕! 안네가.

키티에게.

나는 오늘 엄마하고 이야기를 하다가 그만 울어 버렸어. 아빠는 늘 나를 이해해 주시는 다정한 분이시지만, 엄마는 나를 이해하지 못하셔. 마르고 언니도 마찬가지야. 두 사람은 나랑은 성격이 정반대인 것 같아.

판 단 아줌마는 오늘도 화를 냈어. 그 성격을 누가 당할까. 아줌마는 우리가 공동으로 쓰기로 한 물건들 중에서 자기네 것은 하나씩 도로 가져다가 감추곤 한단다. 그 일에 대해서는 우리 엄마도 기분 나쁘게 생각하시지.

게다가 판 단 씨 부부는 자기 아이만으로는 부족한 듯, 내일에 꼭 참견을 하고 든단다. 늘 내게 잔소리를 못 해서 안달이 난 것처럼 굴거든. 내가 어른들의 말에 잘 끼여든다거나 수다를 많이 떤다는 거야. 그래도 우리 부모님이 나를 감싸 주시니 다행이지, 부모님이 안 계셨다면 끔찍했을 거야.

식사를 할 때도 내가 채소보다 감자를 좋아하는 걸 보고는 채소를 먹어야 한다고 강요하는 거야. 내가 싫다고 하고, 우리 아빠도 괜찮으니 그냥 두라고 하시니까 아줌마가 말했어.

"안네가 우리 딸이라면, 저런 나쁜 버릇을 그대로 두지는 않을 거야."

아줌마는 입버릇처럼 '안네가 우리 딸이라면!' 이라고 말씀하시는데, 내가 그 집 딸이 아니길 천만 다행이지.

키티에게.

숨어 사는 생활의 어려움 중 하나는 바로 목욕이란다. 여기는 목욕탕이 없는데다 더운 물이 나오는 곳은 사무실뿐이야. 그래서 우리는 양동이로 물을 받아다가 목욕을 해.

각자 목욕하는 장소도 다 달라. 페터는 주방에서 목욕을 해. 그래서 그는 목욕하기 전에 주방 유리문 앞을 지나가지 말아 달라고 일일이 부탁을 하곤 하지. 판 단 아저씨는 4층 자기 방으로 올라가 한단다. 물을 옮기는 일이 번거롭지만 눈치를 볼 필요는 없으니까. 아빠는 사장실에서 목욕을 하셔.

토요일 오후에 어두운 2층 사무실 한 구석에서 목욕을 하던 언니와 나도 마침내 좋은 장소를 찾았어. 사무실의 큰 화장실을 쓰는 거야. 거기는 자물쇠도 있고, 걸터앉을 수도 있고, 불도 켤 수 있어. 게다가 물을 버리는 데도 그만이야.

지난 주에는 아래층에서 하루 종일 배관 공사를 하는 바람에 우리는 화장실을 쓸 수가 없었단다. 하는 수 없이 큰 유리병을 요강으로 사용해야 했어. 정말 불편한 일이었지.

하지만 난 그런 것보다도 낮 동안에는 떠들 수도 없고, 마음대로 걸어다닐 수 없는 게 제일 괴로워. 할 말이 있으면 소곤거려야 하고, 고양이처럼 살금살금 걷는 걸 내가 얼마나 괴로워하는지 상상할 수 있겠니?

1942년 10월 1일 목요일

키티에게.

어제 우리는 화들짝 놀랐단다. 8시쯤에 갑자기 시끄러운 초인종 소리가 울렸기 때문이지. '그들'이 온 줄 알고 얼마나 놀랐던지……. 다행히 아무 일 없었어. 지나가던 아이들이 장난을 쳤나 봐.

우리 모두는 아주 조심하고 있단다. 작은 소리도 내지 않으려고 애써. 말괄량이 안네가 몇 시간씩 이렇게 꼼짝 않고 견디는 건 예전에는 상상도 못 했던 일이야.

29일은 판 단 아줌마의 생일이었어. 우리는 나름대로 조촐한 파티를 열고 선물도 드렸어. 아저씨는 붉은 카네이션을 선물했는데, 해마다 그렇게 해 왔대.

베프가 백화점에서 언니와 나의 치마를 하나씩 사다 주었는데, 전쟁이 아니면 감자 부대로나 알맞을 정도로 형편없는 것이 몹시 비싸게 팔린다는구나.

아, 기쁜 소식이 있어. 베프가 어딘가에 연락해서 마르고 언니와 나를 위해서 속기 통신 강좌를 신청해 주었어. 속기를 배워서 암호로 문장을 쓸 수 있다니, 정말 신나는 일이지 뭐야!

가끔 뒤뜰을 지나가는 고양이를 보게 되는데, 그 때마다 모르체가 생각나. 보고 싶어.

엄마는 나에게 여전히 잔소리를 하셔. 언니와는 전혀 다르게 대한단다. 하긴 언니는 모범생이니까. 나는 언니가 그렇게 모범생처럼 구는 게 어쩐지 내숭을 떠는 것 같아서 놀려 주었더니 좀 불쾌하게 여기는 것 같았어.

안녕!

1942년 10월 9일 금요일

키티에게.

오늘은 슬픈 뉴스뿐이야. 유대 인들이 한꺼번에 10여 명씩 구속되고 있다는 거야. 게슈타포(독일 나치스 정권하의 비밀 국가 경찰로, 유대 인 학살 · 추방에 앞장 섬)들은 이 사람들을 가축 운반용 트럭으로 네덜란드 최대의 유대 인 수용소인 베스테르부르크로 보낸대.

그 곳은 아주 흉악한 소문이 들리는 곳이야. 먹을 것은 물론 마실 물조차 없고 화장실도 1,000명당 하나뿐이라고 해. 남녀가 뒤섞여서 잠을 자야 하고 여자와 어린애들은 머리를 빡빡 깎아 버린대. 머리를 깎이면 도망치는 건 불가능해지는 거야. 영국의 라디오 방송에서는 이 곳에서 유대 인을 독가스로 살해한다는 보도가 있었어. 그게 가장 빨리, 그리고 손쉽게 죽이는 방법이라고 보나 봐.

미프에게서 그런 이야기를 듣는 동안 나는 무서워서 꼼짝도 할 수가 없었어. 미프도 그 일에 대해 우리처럼 가슴아파하고 있었어.

베프의 남자 친구가 징용을 당해서 독일로 가게 되었대. 수많은 젊은이들이 날마다 열차에 가득 실려서 어디론가 끌려간다는구나. 그 사람들은 도망칠 기회도 없을 거야.

게다가 더 심한 소식이 있어. 혹시 인질이라는 말을 알고 있니? 독일군은 누군가 그들의 행동에 저항하는 뜻으로 공장을 파괴하면 죄 없는 유대 인들을 인질로 체포해서 처형을 기다리게 한다는 거야. 범인이 잡히지 않으면 그들은 인질들 가운데서 아무나 다섯 명을 뽑아서 벽 앞에 세워 놓고 총살하는 거야. 사람이 이렇게 잔인한 일을 저질러도 되는 걸까? 신문에서는 그런 사람들의 죽음에 대해서는 그냥 '사고사'라는 말을 써서 보도하고 있어.

정말 독일군은 대단한 인간들이야. 내가 독일 국적을 가졌었다는 걸 생각하면 참을 수가 없어. 히틀러가 국적을 빼앗았지만 말이야. 이제 유대 인과 독일인은 원수가 되었어.

그럼 안녕!

1942년 10월 16일 금요일

키티에게.

한동안 너에게 이야기할 틈이 없었어. 무척 바빴거든.

오늘은 불어와 문법, 역사 공부를 해야 해. 골치 아픈 수학 문제도 풀어야 하고……. 수학은 아빠도 나도 아주 싫어하는 과목이란다. 어려운 문제는 아예 다른 사람의 도움을 받아야 하니까. 그리고 속기 공부는 함께 시작한 세 사람 중에 내가 제일 잘 해. 놀라운 일이지?

지금은 〈요프 테르 헬〉 시리즈의 작가가 쓴 〈돌격〉을 읽고 있어. 역시 뛰어난 작가라는 생각이 들어. 그 외에 시인 쾨르너가 쓴 로맨틱한 희곡도 독일어로 읽고 있어. 〈브레멘의 사촌들〉〈여자 가정 교사〉〈녹색의 가면〉 등은 정말 재미있어.

엄마와는 다행히 전처럼 친하게 되었어. 언니와도 잘 지내고 있고 나도 마음이 편해.

내가 언니에게 장래 희망에 대해 물어 보았는데, 언니는 확실하게 대답하지 않았어. 내 생각에는 학교 선생님을 생각하고 있지 않을까 싶어. 그리고 언니에게 내가 못생겼느냐고도 물어 보았어. 언니는 못생기지 않았다고 말해 주었단다. 매력도 있고 특히 눈이 예쁘다고 하는데, 믿어도 되는 건지 모르겠어.

그럼 안녕!

안네의 일기

1942년 10월 20일 화요일

키티에게.

엄청난 공포의 순간이 지나갔어. 아직도 손이 떨릴 정도야.

오늘 아래층에 공사를 하기 위해 목수가 왔어. 그런데 사무실 사람들이 우리에게 그 사실을 말해 주지 않은 거야. 내가 책장으로 가려진 입구 저 쪽에서 나는 망치 소리를 듣기 전까지는 우리들 중 아무도 조심하지 않았어.

목수가 온 걸 알고 난 후에는 곧바로 우리와 점심을 먹고 있던 베프에게 지금 내려가면 안 된다고 일러 주었어. 그리고 우리는 밖에 있는 사람이 언제쯤 돌아갈 건지 귀를 기울이고 있었어.

그런데 15분쯤 지나자, 일을 끝낸 사람이 문을 두드리는 거야. 우린 모두 파랗게 질렸어. 그 사람이 책장 뒤에서 소리가 나는 걸 듣고 안쪽을 살펴보려고 하는 것 같았어. 계속 문을 두드리고 잡아당기는 소리가 들리는 거야. 나는 거의 기절할 뻔했어. 우리 은신처가 발각되는 건 시간 문제였어. 이젠 끝장이구나 생각했는데, 그 때 클레이만 씨의 목소리가 들리지 뭐야.

"접니다. 문 좀 열어 주세요."

우리는 안도의 한숨을 내쉬면서 문을 열어 주었어.

클레이만 씨는 때마침 책장을 열 수 있는 고리가 고장이 나 제대로 열리지가 않아서 목수가 온다는 걸 미리 알려 줄 수

없었대. 다행히 목수는 금방 일을 마치고 내려갔고, 그 후에 클레이만 씨가 왔는데 여전히 문이 안 열린 거지. 그래서 그렇게 문을 당기고 두드리고 소란스럽게 했던 거래.

어쨌든 그토록 가슴 졸인 일은 난생 처음이야. 모든 것이 무사해서 정말 다행이야.

월요일에 미프와 얀 부부가 와서 하룻밤 묵어 갔단다. 마르고 언니와 나는 부모님 방에서 함께 자고 우리 방을 그들 부부에게 비워 주었어.

즐거운 저녁 식사 중에는 갑자기 전등이 나가는 일이 있었어. 퓨즈가 나간 거야. 남자들이 예비 퓨즈를 찾아서 갈아 끼우는 10분 동안 우리는 촛불을 켜고 있었어.

그들 부부는 오늘 아침 일찍 출근을 했어.

1942년 10월 29일 목요일

키티에게.

아빠가 아프시단다. 열이 나고 빨긋빨긋 발진도 돋았어. 하지만 여기에서는 의사를 부를 수가 없잖아. 엄마는 땀을 많이 흘리게 하려고 애를 쓰고 있어. 열을 내리기 위해서지.

오늘 아침 미프에게서 전에 판 단 아저씨가 살던 집의 가구들이 몽땅 없어졌다는 이야기를 들었어. 하지만 아직 판 단 아저씨에게는 이야기하지 않았어. 그 성격에 아끼던 가구와 도자기들이 없어졌다는 이야기를 들으면 엄청 화를 낼 테니까 말이야.

아빠는 나에게 훌륭한 작가들이 쓴 책을 읽게 하려고 애쓰신단다. 나는 좀 어려운 독일어도 읽을 수 있거든. 또한 아빠는 밤마다 괴테와 실러의 희곡들을 읽어 주시기도 해.

그런데 엄마는 갑자기 나에게 독일어로 된 기도문을 읽으라고 강요하셔. 아름다운 말이기는 하지만 별로 끌리지는 않아. 난 신앙은 누구에게 강요할 것이 아니라고 생각해.

내일부터는 난로를 피우기로 했어. 오랫동안 굴뚝을 청소하지 않아서 연기에 질식하는 건 아닌지 몰라.

1942년 11월 7일 토요일

키티에게.

엄마가 또다시 신경이 예민해져 있어. 안 좋은 조짐이지. 이럴 때는 나에게 불똥이 튀기 십상이거든. 엄마도 아빠도 언니를 야단치는 일은 거의 없어. 언니와 내가 말다툼이라도 하면 두 분은 으레 나를 야단치신단다. 그럴 때면 나는 화가 나는 게 아니라 너무 슬퍼져.

아빠와 엄마가 언니를 편애한다는 건 누가 봐도 다 알 거야. 이제는 그런 일에 익숙해져서 웬만한 일에는 둔해져 버릴 정도야.

내가 엄마나 언니를 사랑하는 건 두 사람이 내 가족이기 때문이야. 그들이 남이라면 난 그런 사람들은 쳐다보지도 않았을 거야.

하지만 아빠는 좀 달라. 아빠가 언니를 칭찬하고 안아 줄 때면 나는 가슴이 아파. 내가 아빠를 너무나 좋아하기 때문이지. 난 아빠를 존경해. 그리고 세상에서 아빠를 가장 사랑해. 하지만 아빠는 나와 언니를 차별 대우한다는 걸 의식하지 못하시나 봐. 언니가 비록 똑똑하고 모범생이라 해도 나에게도 좀 인격적인 대우를 해 주시면 좋겠어.

나는 우리 가족 중에 제일 못난이야. 걸핏하면 야단을 맞고 그 때문에 상처받곤 해. 하지만 더 이상은 이런 편애를 참을 수가 없어. 언니를 질투하는 건 아니야. 난 단지 아빠의 사랑을 원할 뿐이야. 아빠의 딸이 아닌 안네라는 한 인간으로서 사랑받고 싶은 거야.

내가 아빠의 사랑을 더욱 원하는 이유는 엄마에게서 절망을 느끼기 때문일 거야. 하지만 아빠는 엄마에 대한 내 불만은 조금도 들으려고 안 하셔. 아무리 그래도 내 생각엔 엄마의 성격에는 심각한 문제가 있는 것 같아. 게다가 엄마랑 나는 성격이 정반대라서 모든 면에서 부딪히지 않을 수가 없어.

사실 나는 가능하면 엄마의 좋은 점만을 보려고 하지만 그

안네의 일기

게 잘 되지 않는단다. 하긴 자식들의 마음
을 완전히 만족시켜 주는 부모는 이 세
상 어디에도 없을 거야. 그렇기에 나는
스스로 더 강해지고 훌륭하게 자라려고

해. 나를 위로할 수 있는 사람은 나뿐이라고 생각하거든. 그
래서 날마다 나를 향상시키려고 노력하는 거야.

어떤 날은 제법 영리한 아이라고 칭찬을 받는가 하면, 또
어떤 날은 마냥 철부지 취급을 받으며 야단이나 맞게 되니 한
심해. 이제 나는 어린아이가 아니야. 난 나름대로 생각도 있
고 의견도 있단 말이야.

이런 하소연은 키티에게나 할 수 있어. 키티, 어떤 어려움
도 꾹 참고 견디겠다고 약속할게. 부디 나를 흉보지 말아 줘.

그럼 안녕! 안네가.

1942년 11월 9일 월요일

키티에게.

어제는 페터의 열여섯 번째 생일이었어. 페터는 게임판, 면
도기, 라이터 등 많은 선물을 받았어. 하지만 가장 큰 선물은
오후 1시에 판 단 아저씨가 들려 준 소식이었어. 영국군이 튀
니스(튀니지의 수도)와 알제리, 카사블랑카(모로코의 대서양 연
안에 있는 항만 도시), 오랑(지중해 연안에 있는 알제리의 항구 도

시)에 상륙했다는 거야. 모두가 신이 나서 말했어.

"이제 끝이 보인다."

그런데 영국 처칠 수상은 '이건 끝이 아니고, 끝이 보이는 것도 아니다.'라고 했대. 아무튼 희망적인 소식인 건 확실해.

그건 그렇고, 우리 은신처의 식량 공급에 대해 말해 줄게. 엄청난 먹보들이 모여 사는 곳이니까 말이야.

빵은 클레이만 씨가 잘 아는 빵집에서 부족하지 않을 정도로 사곤 해. 배급 카드도 몰래 사고 있어. 고작 인쇄된 종이 쪽지 한 장이지만 암거래(물건을 몰래 사고 팖) 가격은 하루가 멀다 하고 오른대.

통조림은 100개 정도 비축하고 있어. 콩도 120kg 정도 샀는데, 이걸 여섯 개의 자루에 나눠서 다락방으로 끌어올릴 때 마지막 자루가 터졌지 뭐야. 콩이 엄청난 소리를 내면서 계단으로 흩어질 때 우리는 놀라기도 하고 웃기도 했어. 우리 모두 흩어진 콩을 줍느라고 한동안 난리였어.

아참, 아빠는 병이 다 나았어.

추신 : 방금 라디오에서 영국군이 알제리를 함락했다는 소식이 들렸어. 모로코와 카사블랑카 그리고 오랑은 이미 영국군 손에 있어. 다음은 튀니지 차례야.

1942년 11월 10일 화요일

키티에게.

큰 뉴스가 있어. 우리 집에 새 식구가 온단다. 전부터 우리 집에 한 사람 정도는 더 받아들일 수 있었어. 우리를 도와 주는 사람들에게 더 많은 폐를 끼치는 건 미안하지만 말이야. 그런데 바깥 세상의 사태가 점점 더 심각해지자 아빠는 퀴흘레르 씨와 클레이만 씨에게 의논한 끝에 한 명을 더 숨겨 주기로 한 거야.

우리는 혼자 사는 사람 중 우리와 잘 지낼 수 있을 만한 사람을 찾았어. 판 단 아저씨가 자기 친척 중 한 사람을 추천했지만 모두가 반대했어. 그래서 선택된 사람이 알베르트 뒤셀이라는 치과 의사야. 미프가 잘 아는 사람인데, 듣기로는 조용하고 품위 있는 사람이라고 해. 우리는 그 사람에게 여기로 옮겨 올 때 간단한 치과 의료 기구를 가져오라고 부탁했어.

그럼 안녕! 안네가.

1942년 11월 12일 목요일

키티에게.

뒤셀 씨에 관한 이야기를 들었어. 그는 미프를 만나자마자 어디 숨을 만한 곳이 없느냐고 물었대. 미프가 적당한 곳이 있다니까 무척 기뻐했지만, 가능한 한 빨리 옮겨야 한다니까

1942년의 일기

좀 망설였대. 진료 카드도 정리해야 하고, 예약된 환자 두세 명은 더 봐 줘야 한다면서 말이야.

그 이야기를 듣고 우리는 그건 지혜롭지 못한 일이라고 생각했어. 시간을 두고 이런저런 정리를 하다 보면 결국 비밀이 새어 나갈 위험이 있거든. 그래서 우리가 날짜를 정해 주었지만, 그는 거절하고 자기 일을 다 끝낸 월요일에나 올 수 있다는 거야.

언제 체포될지도 모르는 위험한 상황 속에서, 게다가 좋은 조건의 은신처가 있는데 늑장을 부리다니, 이상한 사람이야. 그런 건방진 사람을 받아 주는 아빠도 마음에 안 들어.

안녕!

1942년 11월 17일 화요일

키티에게.

뒤셀 씨가 왔어. 모든 게 무사히 해결된 거야.

11시 20분에 뒤셀 씨가 사무실을 찾아오자, 미프가 그를 맞으며 그의 가슴에 단 노란색 별이 보이지 않도록 외투 벗는 걸 도와 주었대.

그리고 클레이만 씨가 기다리는 사장실로 안내했지. 거기서 이런저런 이야기를 나누다가 청소부 아줌마가 나간 다음에 뒤셀 씨를 3층으로 안내한 거야.

책장이 회전하면서 은신처의 입구가 보이자 뒤셀 씨는 무척 놀라더래.

우리들은 새 식구를 환영하기 위해 거실에 모여서 커피와 코냑(고급 술의 한 종류)을 준비하고 테이블에 앉아 있었어. 안으로 들어온 뒤셀 씨는 우리 가족을 보고 너무나 놀랐어.

그는 소파에 털썩 주저앉더니 겨우 입을 열었어.

"그렇다면…… 베, 벨기에로 간 게 아니었군요. 도와 준다는 장교가 마, 마중 나오지 않았나요? 도망…… 도망가는 데 실패한 거예요?"

우리는 그에게 모든 게 거짓이었다는 걸 설명해 주었어. 우리의 행방을 감추기 위해 일부러 소문을 냈다는 걸 말이야.

상황을 알고 나서 그는 몹시 놀라워했어. 그리고 우리의 은신처를 찬찬히 살펴보고는 아주 효율적으로 만들어졌다며 감탄했어.

오후에 뒤셀 씨는 안정된 모습으로 미프가 미리 옮겨 두었던 자신의 짐을 정리하기 시작했어.

우리가 건네 준 은신처의 규칙이 적힌 종이를 받을 때 그는 아주 편안해 보였어.

⟨은신처의 취지 및 안내⟩

유대인을 위한 임시 거주지로서 마련한 특별 시설

· **연중 무휴** : 나무로 둘러싸인 곳으로서, 아름답고
조용하며 암스테르담 중심가에 있음. 이웃은 없음.
13번 또는 17번 전차나 자전거를 이용해서 올 수 있음.
독일군에 의해 교통 수단이 금지된 특별한 경우에는
걸어오는 것도 가능함.

· **방세** : 무료

· **식사** : 비만 방지용 특별식

· **급수** : 목욕 가능함(단 욕조는 없음).
실내외에 여러 개의 수도가 있음.

· **수납** : 충분한 공간 있음.

· **라디오 방송** : 런던, 뉴욕, 텔아비브 등 많은 방송 직접
수신 가능함. 오후 6시 이후에는 어떤 방송의 청취도
허가하지만 단 독일어 뉴스 방송의 청취는 엄금함.

· **휴식** : 오후 10시부터 아침 7시 30분까지. 일요일은
아침 10시 59분까지. 단 상황에 따라 관리자의 지시
아래 특별한 휴식이 가능함.

· **언어** : 언제나 조용히 말할 것. 모든 문명 국가의 언어
사용을 허가함. 따라서 독일어 사용은 금함.

· **독서** : 독일어 책은 과학서와 문학을 제외하고는 읽는
것을 금함. 그 외에는 모두 가능함.

안네의 일기

· 운동 : 날마다 할 것.

· 노래 : 오후 6시 이후 조용한 노래에 한해서 허용함.

· 학과 : 주 1회 속기 강습이 있음. 영어, 불어, 역사, 수학
공부는 언제나 가능함.

· 애완 동물 : 사육을 원할 때에는 허가를 받을 것.

· 식사 시간 : 아침은 오전 9시.
단 일요일과 휴일은 11시 30분. 점심은 1시 15분~45분.
저녁은 적당한 시간에 함.

· 의무 사항 : 거주자는 필요할 때 스스로 사무실의 일을
도와야 함.

· 목욕 : 일요일 오전 9시부터 각자가 좋아하는 장소와
방법으로 하고 대야를 사용함.

· 알코올 : 의사의 처방이 있는 경우에 가능함.

1942년 11월 19일 목요일

키티에게.

우리가 예상했던 대로 뒤셀 씨는 아주 좋은 사람이야. 나는
작은 방을 뒤셀 씨와 함께 사용하고 있어. 내 방을 빌려 주는
게 썩 내키는 일은 아니지만, 기꺼이 희생하기로 했어.

"누구든 한 사람이라도 도울 수 있다면 다른 건 문제될 게

없어."

라고 아빠가 말씀하셨는데, 옳은 말이야.

뒤셀 씨는 우리의 생활 규칙을 시시콜콜 나에게 확인하곤
해. 사실 중요한 일이거든. 낮에는 아래층에 소리가 들리지
않도록 조심해야 하는데, 뒤셀 씨는 그런 점을 힘들어해.

뒤셀 씨가 그 동안 밖에서 일어난 여러 일들
에 대해 들려 주었어. 정말 비참한 소식들
이었어. 독일군은 트럭을 몰고 다니며
집집마다 초인종을 눌러서 안에 유대 인
이 있는지를 확인한대. 있으면 당장 연행하는 거야. 숨어 살
곳이 없는 사람들은 모두 끌려가야 해. 마치 옛날의 노예 사
냥 같지 뭐야.

저녁 무렵에 우리는 가끔 죄 없는 사람들이 울부짖는 아이
들과 함께 독일군에게 줄줄이 끌려가는 모습을 훔쳐보곤 해.
이렇게 숨어 사는 우리는 얼마나 행복한 사람들인지……. 우
리는 편안하게 살면서 동족들에게 도움의 손을 뻗칠 수 없다
는 것이 괴로울 뿐이야. 내가 따뜻한 침대에 누워 있는 이 추
운 밤에도 내 친구들은 매를 맞고 떠밀리며 어디론가 끌려가
고 있을 거야. 아무 죄도 없이 그저 유대 인이라는 이유 때문
에 말이야.

그럼 안녕! 안네가.

1942년 11월 28일 토요일

키티에게.

우리가 전기를 너무 많이 써서 이 건물이 단전될 우려가 있다고 해. 그래서 2주일 동안 전깃불 없이 생활해야 한대. 어쩌면 그건 참 재미있을 것 같지 않니?

요즘은 오후 4시만 넘어도 벌써 어둑어둑해져서 책을 읽을 수가 없어. 그래서 우리는 시간을 보내기 위해 이런저런 일들을 생각해 낸단다. 하지만 금세 따분해져.

어제는 커튼을 조금 들추고 망원경으로 뒷집을 엿보기도 했어. 낮에는 커튼을 열면 안 되지만, 저녁에는 괜찮거든. 이웃 사람들이 사는 모습을 보는 건 뜻밖에도 재미있었어.

그리고 뒤셀 씨에 관한 이야기인데, 처음에는 점잖은 사람인 줄 알았는데 점점 본성이 드러나고 있어. 아주 완고하고 고집쟁이인데다 예의 범절을 엄청 따진단다. 게다가 이 집에서 가장 말썽쟁이로 낙인 찍힌 나와 한 방을 쓰고 있으니, 뒤셀 씨의 지루한 설교는 항상 내 몫이야. 게다가 뒤셀 씨는 나에게 잔소리하는 것으로 그치지 않고 늘 엄마에게 고자질까지 한단다.

사실 숨어 사는 생활 속에서 가족 중 가장 '문제아'로 취급받는다는 건 심각한 문제야. 잠들기 전에 이런저런 반성을 해 보지만 머릿속만 혼란스러워질 뿐이야.

키티, 너까지 혼란스러워진 것은 아닐까? 안녕.

1942년의 일기

1942년 12월 10일 목요일

키티에게.

판 단 아저씨는 예전에 고기와 소시지를 취급했었는데, 그 경험을 살려서 지금 한창 소시지 만드는 실력을 뽐내는 중이야. 우리는 식량난에 대비해서 암거래로 고기를 많이 사 두었거든.

아저씨는 먼저 고기를 기계에 두 번 갈고 거기에 다른 재료들을 다져서 섞은 다음, 깨끗이 씻은 창자 속에 튜브로 채워 넣었어. 그러면 소시지가 되는데, 그 과정을 지켜 보는 게 참 재미있었어.

이렇게 만든 소시지는 잘 말려야 하기 때문에, 우리는 천장에 막대기를 매달고 주렁주렁 걸어 놓았어. 밖에서 들어온 사람들은 누구든 그걸 보고 웃음을 터뜨리고 말지.

소시지를 만드는 동안 집 안은 야단 법석이었어. 판 단 아저씨 부부는 얼굴이 벌게진 채 정신 없이 고기와 씨름을 하고, 엄마는 옆에서 수프를 휘저으면서 그걸 구경했어. 판 단 아줌마는 생뚱맞게 엉덩살 빼는 체조를 하다가 갈비뼈를 다쳐서 좀 고통스러워하서.

아빠는 요즘 관절염이 심해지셨어. 의자에 앉아서 열심히 작업하는 판 단 아저씨를 바라보고 있는 아빠의 모습이 좀 우울해 보였어. 심지어는 할아버지처럼 늙어 보이기도 했어.

뒤셀 씨는 치과 치료를 시작했어. 첫 번째 환자는 판 단 아

62

줌마였어. 뒤셀 씨는 좀 거만하게 진료 가방을 열고 의자에 앉은 판 단 아줌마의 입 안을 들여다보았지. 충치 두 개를 발견했는데, 판 단 아줌마는 겁에 질려서 있는 대로 비명을 질러 댔단다. 나와 판 단 아저씨가 훌륭한 조수 노릇을 했어. 마치 돌팔이 의사에게 치료를 받는 것 같았지 뭐야.

그럼 안녕! 안네가.

1942년 12월 22일 화요일

키티에게.

지금 막 기쁜 소식을 들었어. 크리스마스에 일인당 112g의 버터를 배급받을 수 있다는 거야. 신문에는 225g이라고 나와 있지만, 유대 인들에게는 그 반만 지급되거든. 버터를 배급받으면 우리는 뭔가 특별한 것을 만들 예정이야.

판 단 아줌마의 갈비뼈가 좀처럼 낫지를 않아서 걱정이야. 빨리 완쾌되어서 짧은 다리로 걸어다니며 쾌활하게 일하는 걸 보고 싶어. 사실 판 단 아줌마는 몸이 아프지 않으면 참 부지런한 분이거든.

내 룸메이트(같은 방을 쓰는 사람)는 낮 동안 내게 줄곧 시끄럽다고 투덜대더니, 이제는 밤까지 걸핏하면 내게 조용히 하라고 잔소리를 한단다. 마음에 안 드는 점이 한두 가지가 아니야. 하지만 어쩔 수 없는 일이니까 더 이상 불평은 하지 않을 작정이야. 그러고 보니 나도 제법 철이 든 것 같지? 서로 이해하는 것, 예의바르게 행동하는 것, 말을 삼가는 것, 서로 돕는 것 등을 배워 나가니까 말이야.

그럼 안녕! 안네가.

1943년의 일기

밖에서 들어온 사람들에게서 바람 냄새가 날 때면,

우리는 언제쯤 신선한 공기를 마실 수 있을까 생각하곤 해.

가끔 나는

자전거를 타고 휘파람을 불고 자유를 만끽하는 꿈을 꾼단다.

1943년 1월 13일 수요일

키티에게.

오늘 아침에는 모든 게 엉망진창이라는 생각이 들어서 아무것도 제대로 할 수가 없었어.

바깥 세상은 점점 더 끔찍해지고 있어. 밤이나 낮이나 가엾은 유대 인들이 끌려가고 있어. 달랑 배낭 하나에 약간의 돈을 갖고 끌려가서는 결국에는 그것마저 빼앗기고 말 거야. 체포되면 남자, 여자, 아이들이 각각 나뉘어 수용되기 때문에 가족들은 모두 뿔뿔이 흩어지는 거야.

아이들이 학교에서 돌아와 보니 부모가 잡혀 갔다거나, 어머니가 시장에 갔다 와 보니 자기 집 대문에 못질이 되어 있고 가족들은 모두 연행되었다는 경우도 많아.

네덜란드 사람들이라고 해서 안전한 건 아니야. 젊은이들이 줄줄이 징집되어 독일로 가기 때문이지.

밤이면 수백 대의 비행기들이 네덜란드 상공을 지나 독일로 날아가는 소리가 들리곤 해. 독일의 도시들은 폭격으로 잿더미가 되었다고 해.

소련과 아프리카에서도 너무나 많은 사람들이 죽어 가고 있대. 전세계가 전쟁의 소용돌이에 휘말리고 있어. 전세는 연합군에게 유리하다지만, 전쟁은 언제 끝날지 기약이 없단다.

우리의 경우는 행운이야. 조용하고 안전한 곳에 있으면서 돈도 좀 가지고 살아가니 말이야. 우리는 가끔 철없이 전쟁이 끝난 후에 새 옷을 사는 일 따위를 꿈꾸면서 가슴이 설레기도 한단다. 사실 더 절약해서 전쟁이 끝난 후 가까스로 살아 남은 사람들을 도와 주어야 할 텐데 말이야.

이 동네 아이들의 옷차림은 정말 형편없어. 외투도 없이 얇은 웃옷에 나막신을 신고 다녀. 모자나 양말은 물론 없고. 아이들은 추위와 굶주림에 시달리면서 거리를 떠돌고 있어. 심지어 지나가는 사람들에게 구걸을 하는 아이들도 늘어나고 있어.

전쟁의 비극에 대해서 이야기를 하다 보면 너무 괴로워질 뿐이야. 우리 모두는 하루빨리 이 불행이 끝나기만을 바라고 있단다.

유대 인이든 유대 인이 아니든, 전세계 사람들은 전쟁이 끝나기를 기다리고 있어. 지금 이 순간에도 어딘가에서는 많은

1943년의 일기

사람들이 죽음 앞에 서 있을 거야.

그럼 안녕! 안네가.

키티에게.

난 정말 속상해서 죽겠어. 생각 같아서는 있는 대로 울부짖고 소리치면서 포악한 행동을 하고 싶지만, 그렇게 할 수도 없어.

나를 화나게 하는 건 날마다 터무니없는 온갖 경멸과 비난을 감수해야 한다는 거야. 그런 것들은 내게 화살처럼 박혀서 너무 아파.

"제발 나를 그냥 내버려 두세요! 단 하루라도 울지 않고 잘 수 있게 해 달라고요. 가능하다면 그냥 죽을 수 있게 해 줘요!"

엄마, 언니, 판 단 아저씨, 뒤셀 씨, 아니 아빠에게조차 소리를 지르고 싶어.

사람들은 내가 무슨 말인가 하면 모두들 잘난 척한다고 해. 그런데 또 말을 안 하면 바보 같다고 해. 말대꾸를 하면 건방지다고 하고, 뭔가 좋은 생각을 말하면 영악하다고 해. 피곤해서 쉬고 있으면 게으르다고 하고, 조금 튀면 버릇없다고 해. 그뿐이 아니

야. 겁쟁이니 얌체니, 하루에도 수없이 비난의 말을 듣게 된
단다. 그냥 웃고 넘기려 해도 사실은 너무나 큰 상처를 받게
돼.

가끔은 다른 사람들의 비위를 잘 맞출 수 있게 해 달라고
기도도 했어. 사실은 내 성격이 그렇게 나쁘다고는 생각하지
않아. 그리고 나는 다른 사람들을 즐겁게 해 주려고 얼마나
노력하는지 몰라. 그러니까 부당하게 비난을 받으면 정말 화
가 나는 거야.

가끔은 엄마에게 대들기도 하지. 그러면 당장 버릇없는 계
집애로 낙인이 찍히고 이틀 정도는 외톨이로 지내게 돼. 어쨌
든 나는 내 마음과 달리 비위를 맞추고 아양을 떠는 일은 못
하겠어.

아! 할 수만 있다면 나를 경멸하고 비난하는 사람들에게
나도 똑같이 건방지게 굴어 보고 싶어. 얼마나 신나고 멋진
순간일까!

그럼 안녕. 안네가.

1943년 2월 27일 토요일

키티에게.

아빠는 연합군의 상륙만을 기다리고 계셔.

폐렴에 걸렸던 처칠 수상은 많이 회복되었대. 인도의 평화

주의자 간디는 벌써 오래 전에 단식에 들어갔어.

판 단 아줌마는 모든 것을 운명에 맡긴다고 하면서도 대포 소리가 들리면 제일 무서워한단다.

얀이 가톨릭 주교가 교회의 신자들에게 보낸 메시지 사본을 우리에게 가져다 주었어. 용기를 주는 훌륭한 내용이었어.

"네덜란드 국민이여, 투쟁을 멈추지 마십시오. 모두 자신이 갖고 있는 무기를 가지고 국가와 국민과 신앙의 자유를 위해 싸워야 합니다. 이웃을 도와 주십시오. 아낌없이 나눠 주십시오. 실망하지 마십시오."

교회가 언제나 강조하는 말들이지. 그러나 그런 구원은 적어도 우리 유대 인에게는 해당이 안 돼.

최근에 우리에게는 엄청난 일이 있었어. 이 건물의 주인이 퀴흘레르 씨와 클레이만 씨에게 상의도 없이 집을 다른 사람에게 팔아 버렸다는 거야. 어느 날 느닷없이 새 주인이 집을 보러 왔지 뭐야. 마침 클레이만 씨가 있어서 우리가 숨어 있는 곳을 제외한 다른 곳을 보여 주고, 우리 방의 열쇠는 깜빡 잊었다고 변명을 했대. 그는 두말 않고 돌아갔는데, 다시 와서 우리 집을 보자고 하는 날에는 큰일이야. 우리도 결코 안전하지 않게 된 거야.

언니랑 나는 요즘 독서 카드를 기록하고 있어. 읽은 책과 저자의 이름, 날짜 등을 써 두는 카드야.

그럼 안녕!

키티에게.

어젯밤에는 정전이 된데다 밤새도록 폭격 소리가 그치지 않았어. 나는 아직도 총 소리가 너무 무서워. 그래서 결국 살금살금 기어서 어린애처럼 아빠 침대로 들어가곤 해.

"저 포탄 소리 좀 들어 봐!"

판 단 아줌마는 몇 번이고 이렇게 말하는데, 그건 '너무 무서워서 듣고 있을 수가 없어.' 라는 뜻이야.

촛불을 켠다면 그렇게까지 무섭지는 않을 텐데 아빠는 촛불을 켜지 못하게 하셨어. 내가 너무 떨고 있으니까 마침내 더는 참을 수 없었던 엄마가 일어나셨어.

"안네가 무서워서 떨고 있잖아요."

아빠께 이렇게 말씀하시고는 촛불을 켜셨어.

얼마 전 판 단 아줌마는 다락방에서 들리는 이상한 소리에 잠이 깼대. 도둑이 들었다고 생각한 아줌마는 아저씨를 깨웠는데, 그 순간 소리가 사라졌대. 아줌마가 말했대.

"다락방의 콩과 소시지를 훔쳐 갔나 봐요. 어쩌면 페터까지 훔쳐 갔을지도 몰라요."

"결코 페터는 훔쳐 가지 않았을 테니, 그만 잠이나 자요!"

판 단 아저씨가 안심시키려고 말했지만, 아줌마는 뜬눈으로 밤을 새웠다나.

그런데 며칠 뒤, 또다시 다락방에서 무슨 소리가 들렸어. 이번에는 온 식구가 다 들었지 뭐야. 페터가 손전등을 들고 다락방으로 올라가자 무언가 후닥닥 도망치더래. 도둑의 정체는 바로 쥐 떼들이었어. 그 뒤로 고양이 무시는 다락방에서 자게 되었단다.

그럼 안녕! 안네가.

1943년 3월 12일 금요일

키티에게.

이 건물에는 고양이가 한 마리 더 있단다. 보슈라는 녀석인데, 우리가 오기 전부터 이 건물에 살던 녀석이야. 쥐들로부터 회사의 창고를 지키는 녀석이지.

요즘 우리는 주식으로 강낭콩을 주로 먹고 있어. 더 이상 저녁에는 빵이 나오지 않게 되었고. 매일같이 콩만 먹으니까 질려 버릴 것 같아.

아빠는 요즘 더 기운이 없으셔. 그래서 슬퍼 보여. 불쌍한 우리 아빠!

나는 요즘 〈문을 두드리는 소리〉라는 책에 푹 빠져 있어. 작가는 바우디르 바케르인데, 가족들의 이야기는 굉장히 잘 썼지만 전쟁이나 여성 해방 등을 다룬 부분은 그저 그래. 어쩌면 내가 책을 올바로 읽고 있는 게 아닌지도 모르겠어.

독일에서는 공습이 점점 더 심해지고 있대.

판 단 아저씨는 담배가 부족하기 때문에 우울해하셔.

나는 이제 신을 만한 신발이 마땅치 않게 되었어. 멀쩡한 건 스키화뿐이야. 스키화를 집에서 신을 수는 없잖아. 미프가 암거래 시장에서 신발을 사다 줄지도 모르겠어.

난 아빠의 이발 담당이야. 아빠는 내 솜씨에 만족하셔서 전쟁이 끝난 후에도 다른 이발소에는 가시지 않겠다고 하신단다. 귀에 상처를 내지 않는다는 조건이지만 말이야.

그럼 안녕! 안네가.

1943년 3월 19일 금요일

앞으로 1만 길더(네덜란드의 옛 화폐 단위)와 500길더 지폐는 세금을 낼 때 외에는 사용할 수 없게 된대. 암거래 상인을 잡기 위한 조치라는데, 검은돈(뒷돈)을 가지고 있는 사람들이나 우리처럼 숨어 사는 사람들이 곤란하게 되었어.

뒤셀 씨는 우리의 규칙을 자주 어기고 있지 뭐야. 애인에게 편지를 보내는 건 그렇다 쳐도, 다른 여러 사람들과 편지를 주고받는 건 이해할 수 없어. 아버지가 위험성을 경고한 후로 중단했지만, 머지않아 다시 편지를 주고받을 것만 같아.

라디오에서는 독일군 지도자와 부상병이 인터뷰하는 방송이 나왔어. 부상 정도를 묻는 말에 '동상으로 발을 절단했고, 왼쪽 팔은 관절이 부러졌다.'고 말하는데, 마치 그런 부상을 당한 것을 자랑스러워하는 듯한 투였어. 그런 것을 명예라고 생각하다니…… 정말 소름끼치는 일이야. 그 중에는 총통과 악수를 할 수 있다는 것에 감격해서(악수할 손이 남아 있는 경우겠지만 말이야.) 말도 제대로 못 하는 사람도 있었어.

그럼 안녕! 안네가.

1943년 3월 25일 목요일

키티에게.

어젯밤의 일이었어.

우리 가족 네 사람이 이야기를 하고 있는데, 문득 페터가 들어오더니 아빠에게 무언가 귀엣말을 하는 거야.

"창고의 통이 뒤집혀 있고, 출입구에 누군가가 있는 것 같아요."

페터의 말을 듣는 순간, 나는 파랗게 질려서 떨기 시작했어. 아빠는 페터와 함께 내려가셨고, 잠시 후 2층에서 라디오를 듣고 있던 판 단 아줌마가 올라왔어. 아빠가 당장 라디오를 끄고 조용히 위층으로 가라고 하셨대.

한참 후에 돌아온 두 사람에게서 이야기를 들었는데, 두 사람이 계단 밑에 숨어서 살펴보고 있는데 갑자기 두 번이나 문에서 쾅쾅거리는 소리가 났다는 거야. 아빠는 당황해서 위층으로 뛰어오셨고, 페터가 뒤셀 씨에게 알리자 그도 허둥대며 올라왔어.

우리는 신발을 벗고 양말만 신은 채로 4층 판 단 아저씨의 방으로 갔어. 판 단 아저씨가 감기에 걸려 일찍 침대에 누웠기 때문에, 우리는 그의 침대 주위에서 소곤대며 상황을 설명했어. 판 단 아저씨가 자꾸 기침을 하는 바람에 온몸이 오싹거렸어.

하지만 그 뒤로는 아무 소리도 나지 않았어. 만약 도둑이라도 들었다가 우연히 우리 집 안을 엿보았다면 큰일이야. 라디오가 영국 방송에 맞춰져 있었거든. 만약 경찰에 알리기라도 한다면 우리는 끝장이야. 그래서 우리는 어젯밤 내내 수도를 쓰지 않기로 했고, 화장실 물도 내리지 못했어. 그 불편함이란 이루 말할 수 없었지.

밤 10시 반이 넘도록 더 이상 아무 소리도 들리지 않아서 다행히 마음을 놓았는데, 다시 생각해 보니 아직 초저녁인 8시 반쯤에 도둑이 드는 일은 없을 것 같아. 어쩌면 옆 건물의 케흐 상회 관리인이 늦게까지 남았다가 건물을 둘러본 건 아닌지 모르겠어. 아무튼 우리는 어젯밤 단 한숨도 잘 수 없었

1943년의 일기

단다.

하지만 사무실 사람들은 어젯밤에 일어난 일에 대해 듣고는 모두들 웃어 넘겼대. 고통스럽던 일도 무사히 지나고 나면 우스운 일이 되어 버리는 거야.

그럼 안녕! 안네가.

1943년 3월 27일 토요일

키티에게.

드디어 속기 강습이 끝났어. 이제부터는 속도를 내는 연습을 해야 해.

나는 요즘 〈그리스 로마 신화〉에 푹 빠져 있어. 그런데 여기 사람들은 나같이 어린아이가 신화에 관심을 갖는다는 게 믿어지지 않나 봐. 나는 아이들도 신화에 흥미를 가질 수 있다는 걸 최초로 증명해 보인 셈이지.

판 단 아저씨의 목감기가 좀처럼 낫지를 않아. 그래서 아저씨는 여러 가지 민간 처방을 하느라고 법석을 떨고 있어. 이런 처방들이 오히려 병을 악화시키는 건 아닌가 싶어.

독일의 거물인 라우터가 이렇게 말했어.

"7월 1일 이전에 모든 유대 인들은 독일이 점령한 지역에서 추방될 것이다. 우선 4월 한 달 동안에 위트레흐트 주에서 그들을 몰아 낼 것이고(마치 바퀴벌레를 소탕하는 듯한 말

투야.) 6월 중에는 남·북 네덜란드에서 모조리 쓸어 버린다."

여기에서 내쫓긴 사람들이 어디로 갈지는 생각하는 것만으로도 악몽을 꿀 지경이야.

한 가지 좋은 소식은 독일군이 설치한 기관인 직업 안정국에 방화 사건이 일어났고, 며칠 후에는 호적 등기소에도 같은 일이 있었대. 독일 경찰로 변장한 사람들이 밤중에 들이닥쳐서 경비원들에게 재갈을 물리고 서류들을 몽땅 잿더미로 만들어 버렸다는 거야.

그럼 안녕. 안네가.

1943년 4월 1일 목요일

키티에게.

오늘은 만우절이지만 지금 하는 내 말은 거짓이 아니야.

몇 가지 나쁜 소식이 있어. 우리를 도와 주던 클레이만 씨가 위장 출혈이 있어서 적어도 3주 동안은 치료를 해야 한대. 그리고 베프는 독감에 걸려서 입원 중이야. 게다가 포스콰일 씨는 위궤양으로 다음 주에 입원할 예정이래.

그런데 그 와중에 회사일로 독일 프랑크푸르트의 바이어(상인)들과 협상이 있다는 거야. 원래는 클레이만 씨와 아빠가 면밀하게 의논했던 일인데, 갑자기 클레이만 씨가 아파서

1943년의 일기

퀴흘레르 씨가 대신 협상을 맡게 된 거야. 아빠가 그 동안의 의논 사항을 이야기해 줄 시간도 없이 말이야. 아빠는 협상이 잘 되지 않을까 봐 걱정하시며 몇 번이고 말씀하셨어.

"내가 직접 나설 수만 있다면 아무런 걱정이 없는데……."

협상이 시작되는 오후 2시 반이 되자, 언니와 아빠는 아래층에서 진행되는 소리를 들어 보려고 바닥에 귀를 대고 엎드려 있었어. 아빠는 너무 오랫동안 그런 자세로 계신 탓에 몸이 저려서 일어나셨고, 대신 내가 귀를 대 보았어. 무슨 이야기인지 지루하기만 했는데, 얼마 후 나는 그 자세로 잠들어 버렸단다.

그럼 안녕! 안네가.

1943년 4월 27일 화요일

키티에게.

카를톤 호텔이 잿더미가 되었대. 포탄을 싣고 날아가던 영국군 비행기 두 대가 포격을 맞고 독일군 장교 클럽이 있는 이 호텔 쪽으로 추락한 거야. 호텔이 있던 거리 일대는 이 사고로 허허벌판이 되다시피 했대.

공습은 날이 갈수록 점점 격렬해져서 하룻밤도 조용할 때가 없어.

식량 사정도 심각한 지경이야. 아침은 딱딱한 빵과 커피,

저녁은 시금치나 상추 정도야. 이런 상황이 2주일째 계속되고 있어. 크기가 20cm 정도 되는 감자가 있기는 하지만 썩은 듯한 맛이 난단다. 다이어트하는 사람들에게는 제격일 거야. 불평을 하는 사람들도 있지만 나는 그런 대로 견디고 있어.

1940년, 독일군이 네덜란드에 침입해 왔을 때 대항하여 싸웠던 사람들이나 공장 등에 동원되었던 사람들은 지금 모조리 소집되어서 '독일 총통'의 군대가 되어 있어. 독일군은 연합군의 상륙에 단단히 대비하고 있는 거야.

1943년 5월 1일 토요일
키티에게.

오늘은 뒤셀 씨의 생일이었어. 뒤셀 씨는 그런 일에는 관심도 없다는 듯한 태도였지만 막상 미프가 선물꾸러미를 들고 나타나자 어린애처럼 좋아했단다.

뒤셀 씨의 애인이 달걀과 버터, 비스킷, 레모네이드, 빵, 코냑, 초콜릿, 편지지까지 잔뜩 보냈어. 뒤셀 씨는 이 선물들을 사흘 동안이나 테이블에 전시해 둘 정도로 흥분했어.

그런데 뒤셀 씨의 사물함에서 숨겨 둔 빵과 치즈와 잼 따위가 발견되었단다. 자기를 받아들이고 숨겨 준 사람들, 사실 목숨을 구해 주었다고도 할 수 있는

우리가 굶주리고 있을 때, 혼자서 실컷 먹고 입을 닦은 그 비열함을 생각하면 질려 버릴 지경이야. 우리는 무엇이든 공평하게 나누려고 애썼는데 말이야.

그는 또 밖에서 우리를 도와 주는 사람들에게까지 인색하게 굴고 있어. 위장병을 앓고 있는 클레이만 씨가 오렌지를 너무나 먹고 싶어한다는데도 그걸 하나 나눠 주지 않는 거야.

밤에 총성이 계속 들리면 우리는 불안해서 어디론가 도망가야 한다는 생각을 하게 돼. 하지만 갈 곳이 어디 있겠어?

오늘 밤 엄마는 머리를 감았는데, 샴푸도 다 떨어지고 빗에는 빗살이 열 개만 남았어.

그럼 안녕! 안네가.

1943년 6월 13일 일요일

키티에게.

내 생일 선물로 아빠가 써 주신 정말 멋진 시의 일부를 소개할게.

아빠는 늘 독일어로 시를 쓰셔. 그래서 마르고 언니가 네덜란드 어로 번역해 준 거야.

너는 여기에서 가장 나이가 어리지만 이제는 어린애가 아니야.

그러나 인생은 냉엄하고, 주변 어른들의 잔소리는 네 귀를
따갑게 할는지도 모른다.
......

어른들에게 부모처럼 공손하게 대해 주기를 간절히 바란다.
아빠는 너를 공평하게 판단하려 한다.
결점을 고치라고 할 때에는 네 뜻과 맞지 않아도
따라 주기를 바란다.
그건 쓴 약을 먹는 일과 같을지도 모르지.
하지만 평화를 위해 그렇게 해야 한다는 걸 너도 잘 알
것이다.
머지않아 이 끔찍한 비극도 막을 내릴 것이다.
너는 결코 지치지 않고, 우리에게 늘 상쾌한 느낌을 준단다.
너의 불평은 단 하나.
"옷이 모두 해지고 작아져서 입을 게 없어.
구두를 신으려면 발가락을 잘라야 할 지경이고.
아, 이 고통 속에서 벗어날 그 날은 언제일까."
......

내가 주인공인 날인 만큼 모두가 아껴 두었던 것들을 내게
선물로 주었어. 가장 마음에 드는 선물은 두꺼운 〈그리스 로
마 신화〉 책이야. 나는 이 은신처의 막내로서 분에 넘치는 축

하를 받았단다.

그럼 안녕! 안네가.

키티에게.

오늘은 간단한 뉴스만 말할게.

포스콰일 씨는 수술을 받을 수 없었어. 그분의 병은 암이었고, 게다가 너무 많이 퍼져 있어서 병원에서 절개했던 배를 다시 봉합하고 말았대. 3주일 동안 입원했다가 퇴원했는데 글쎄, 병원에서 본인에게 병명을 곧이곧대로 말해 주었다지 뭐야.

지금 포스콰일 씨는 아무것도 못 하고 침대에 누운 채 가족들이 보는 앞에서 죽음을 기다리고 있단다. 정말 가슴이 아파. 우린 문병도 갈 수 없는 처지잖아. 지금껏 그분에게 큰 도움을 받았는데 말이야.

그리고 우리의 큰 라디오를 클레이만 씨의 작은 라디오와 바꾸기로 했어. 숨어 사는 처지에는 무엇 하나라도 조심해야 하니까. 숨어 사는 유대 인의 신분으로 돈을 숨겨서 암거래로 물건을 사고, 게다가 몰래 라디오까지 갖고 있으니⋯⋯. 하지만 힘들 때마다 우리는 그 라디오로 바깥 세상의 소식을 듣고 다시금 힘을 내게 될 거야.

그럼 안녕! 안네가.

키티에게.

속기 연습은 당분간 쉬기로 했어. 다른 공부에 시간을 좀 더 써야 하고, 또 이렇게 어두운 곳에서 속기에 집중하다가는 눈이 나빠질 것 같기 때문이야.

모두들 내 눈에 대해 걱정했어. 엄마가 클레이만 씨에게 부탁해서 나를 안과 치료를 받게 하면 어떻겠냐는 의견을 냈을 때, 나는 온몸이 떨렸어. 그건 바로 이 은신처를 나가게 된다는 이야기거든. 땅 위를 걸어 볼 수 있다는 생각에 잠시 가슴이 벅 찼지만, 쉽게 결론 내릴 수 있는 일은 아니었어. 무엇보다도 위험이 따르는 일이니까.

아무튼 의견이 모아진다면, 나는 밖에 나갈 수도 있겠지. 하지만 어려울 것 같아. 아빠는 영국군이 시칠리아 섬에 상륙 했다는 뉴스를 듣고는, 오래지 않아 전쟁이 끝날지도 모른다 는 희망을 가지게 되셨거든. 결국, 전쟁이 끝나고 자유롭게 다닐 수 있을 때까지 안과 치료를 미루어야 할 거야.

베프가 언니와 나에게 이런저런 사무실의 일을 도와 달라고 했어. 편지를 정리해 파일을 만들거나 매출액을 적어 넣는 일인데, 나는 우쭐한 기분으로 정성껏 하고 있어. 베프에게 도움이 되는 일이니까.

미프는 우리를 위해서 정말 쉴 새 없이 뛰고 있어. 날마다 시장에서 구한 채소를 자전거로 날라다 준단다. 또 토요일에는 도서관에서 책을 빌려다 줘. 그래서 우리는 마치 선물을 기다리듯이 토요일을 기다리곤 해.

이렇게 숨어 지내는 생활 속에서는 책만큼 위안이 되는 것이 없어. 독서와 공부 그리고 라디오가 우리에게 허용된 유일한 오락이야.

그럼 안녕! 안네가.

1943년 7월 16일 금요일

키티에게.

또 도둑이 들었어. 이번엔 진짜 도둑이야.

오늘 아침 7시에 페터가 창고에 내려갔는데, 창고 문과 밖으로 난 문이 둘 다 조금씩 열려 있었대. 페터는 곧바로 아빠에게 알렸고, 아빠는 사장실의 라디오 방송을 독일 방송으로 맞춰 놓으신 후 자물쇠를 건 다음 위층으로 올라오셨어. 이런 경우에 우리는 어떻게 해야 하는지 잘 알고 있지. 소리를 내서는 안 되고 절대로 물을 사용해서도 안 돼. 화장실의 물까지도 말이야.

우린 어젯밤에 모두 깊이 잠들어서 다행히 무서움에 떨지는 않았지. 오늘 아침 11시쯤 되어서야 위로 올라와 준 클레이만 씨에게 자초지종을 들을 수 있었어.

도둑은 쇠꼬챙이로 창고의 문을 열었다는 거야. 그런데 창고에 훔쳐 갈 만한 물건이 없으니까 2층 사무실을 난장판을 만들어 놓고 금고 두 개를 훔쳐 갔대.

그 안에 현금과 수표도 몇 장이 있었는데, 그보다 더 아까운 건 150kg의 설탕을 받을 수 있는 배급표를 몽땅 잃어버린 거야. 신고를 했으니까 배급표를 다시 받을 수 있을지는 모르지만, 아마 어려울 거야.

도둑 사건으로 모두들 좀 긴장했지만, 사실 우리 은신처야말로 이런 일과는 별로 관계가 없는 곳이지. 타자기들과 현금을 우리 집 옷장에 넣어 둔 게 천만 다행이지 뭐야.

그럼 안녕! 안네가.

1943년 7월 19일 월요일

키티에게.

어제는 암스테르담 북쪽에 엄청난 폭격이 있었어. 도시 전체가 폐허가 되다시피 했고, 생매장된 사람들을 발굴하는 데만도 여러 날이 걸릴 거라고 해. 사망자는 200명이 넘고, 병

안네의 일기

원마다 수많은 부상자들이 넘쳐나고 있다는 거야.

거리 곳곳은 아직도 불타고 있고 부모를 잃은 아이들이 거리를 떠돌고 있어. 폭격 때의 엄청난 폭음을 생각하면, 파멸이 다가오는 것을 알려 주는 것 같아서 소름이 끼칠 뿐이야.

그럼 안녕! 안네가.

1943년 7월 23일 금요일

키티, 오늘은 농담삼아서 이 곳 사람들이 전쟁이 끝나고 밖으로 나가게 되면 제일 먼저 하고 싶은 일이 무엇인지 이야기해 줄게.

마르고 언니와 판 단 아저씨는 목욕탕에 뜨거운 물을 가득 채우고 30분쯤 몸을 담그고 싶대. 판 단 아줌마는 당장 크림 케이크를 먹겠다고 벼르고 있어. 뒤셀 씨는 헤어진 애인, 로체를 만날 생각뿐이야. 엄마는 향기로운 커피를 원하고, 아빠는 포스콰일 씨에게 문병을 가고 싶어하서. 페터는 마음껏 거리를 걷다가 영화를 보겠다고 해.

나는…… 나는 그런 날이 오면 너무 기뻐서 무얼 해야 할지 모르겠어. 가장 원하는 것은 우리만의 집을 갖고 자유롭게 사는 거야. 그리고 학교에 가는 거란다.

베프가 과일을 좀 구해 줄 수 있다고 했어. 값은 만만치 않게 비싸. 신문에는 날마다 '공평하게 분배하고, 물가를 인하하라!'라고 씌어 있단다.

그럼 안녕! 안네가.

키티에게.

엄청난 폭격이 있었어. 정말 하루도 조용할 날이 없는 것 같아.

아침을 먹고 있을 때 첫 번째 사이렌이 울렸는데, 그 때는 그다지 신경 쓰지 않았어. 그런데 오후 2시쯤에 두 번째 사이렌이 울렸어. 그리고 5분도 안 되어 끔찍한 폭격이 시작되었어. 건물이 흔들거릴 정도로 심한 폭격이었어.

나는 비상용 가방을 꼭 안고 있었는데, 탈출을 하기 위해서가 아니라 뭔가 의지할 것이 필요했던 거야. 탈출을 한들 어디로 갈 수 있겠어?

30분쯤 계속된 폭격이 끝난 후에도 우리는 얼이 빠져서 꼼짝도 할 수 없었어. 판 단 아저씨는 다락방 창문을 통해 바깥 동정을 살폈는데, 항구 쪽에서 연기가 피어 오르고 있다고 했어. 멀리서 봐도 큰 화재가 난 것 같았어. 그렇지만 일단 공습은 끝난 것 같아서 우리는 겨우 정신을 차리고 각자의 일을 할 수 있었지.

저녁 식사를 하고 있을 때 다시 공습 경보가 울렸어. 사이렌 소리만 들어도 입맛이 딱 떨어진단다. 설거지 그릇을 수북이 쌓아 놓고 사이렌 소리와 줄곧 날아드는 폭격기 소리를 듣는 건 정말 끔찍한 일이었어. 다행히 공습은 없었고 40분 후에 경보가 해제되었어.

"하루에 두 번이나 끔찍한 순간을 겪다니…… 정말 지긋지긋해."

모두들 투덜댔지 뭐야.

그 뒤에도 공습이 있었는데, 영국군의 발표에 의하면 이번에는 스키폴 공항에 폭탄을 투하했대. 머리 위에서 폭격기들이 굉음을 낼 때마다 나는 금방이라도 폭탄이 떨어질 것만 같아 너무 무서웠어.

9시 반에 떨리는 마음으로 잠자리에 들었는데, 12시에 잠이 깼어. 다시 폭격이 시작된 거야. 나는 옆방으로 달려가서 아빠와 함께 있다가 2시 반쯤에 돌아와 잠이 들었단다.

아침 7시에 일어나니 뜻밖의 소식이 기다리고 있었어. 무솔리니(히틀러와 함께 2차 세계 대전을 일으킨 이탈리아의 독재자)가 물러나고 이탈리아 국왕이 정권을 되찾았다는 거야. 전쟁이 시작된 이후에 들은 가장 좋은 소식일 거야. 모두 기뻐서 어쩔 줄 몰랐어. 전쟁이 끝날 희망이 보이는 것 같았거든.

1943년의 일기

독일의 전투기가 폭파되었다는 이야기는 들려 오지만, 여전히 시도 때도 없이 공습 경보가 울리고 폭격기들이 머리 위를 날아다니고 있어. 너무 불안해서 공부는 생각할 수도 없어. 그래도 이탈리아의 상황을 알게 된 후로는 희망을 조금 갖게 되었어.

그럼 안녕! 안네가.

1943년 8월 3일 화요일

키티에게.

이탈리아에선 파시스트 당(1919년 이탈리아의 무솔리니가 조직하여 1945년 해체된 국가주의·국수주의 정당)이 금지되고 국민들은 파시스트와 싸우고 있대. 싸움에는 심지어 군대까지 끼여들었다는 거야. 그러니 영국과의 싸움은 어려울 거야.

그런데 우리 라디오를 퀴흘레르 씨가 가지고 가 버렸어. 그 때문에 뒤셀 씨가 여간 불평하는 게 아니야. 뒤셀 씨는 날이 갈수록 형편없는 사람이라는 걸 알겠어. 정치든 역사든 그의 의견은 너무 유치해서 언급하고 싶지도 않을 정도야.

오늘도 세 번이나 공습이 있었어. 나는 이를 악물고 견뎌 내고 있는데, 판 단 아줌마는 와들와들 떨더니 곧 울음을 터뜨리고 말았어. 아줌마는 입버릇처럼 말하곤 해.

"아무리 참혹한 종말이라도 종말이 오지 않는 것보다는 낫다!"

고양이를 기르는 건 쥐를 잡는 데는 좋지만 또 다른 문제를 가져온단다. 온 집 안에 벼룩이 날뛰고 있어. 클레이만 씨가 벼룩 잡는 약을 뿌려 주기는 했는데, 효과가 별로 없나 봐. 모두들 몸을 긁어 대니 말이야.

그럼 안녕! 안네가.

키티에게.

은신처에서 사는 삶이란 정말 보통 사람들의 삶과는 너무나 다른 점이 많아. 그래서 이제부터는 우리가 어떤 일상 생활을 보내는지를 틈틈이 이야기해 주고 싶어.

오늘은 밤마다 반복하는 일에 대해 이야기할게.

 밤 9시가 되면 잠자리를 준비하는데 여간 거추장스러운 일이 아니야. 먼저 의자를 치우고, 그 다음에는 접힌 채 벽에 세워진 침대를 끌어내려 그 위에 이부자리를 깔거든. 그러면 낮과는 전혀 다른 공간이 만들어지는 거지.

나는 소파에서 자는데, 소파의 길이가 1미터밖에 안 되기 때문에 의자를 이어 붙여야 해. 게다가 낮 동안 뒤셀 씨의 침대 위에 놓아 두었던 이불과 베개, 담요 등을 가져다가 잠자

리를 만들어야 해.

옆방에서는 언니가 접혀 있던 침대를 펼치느라고 삐걱거리는 소리를 내지. 딱딱한 침대 위에 이부자리를 깔아서 푹신하게 만드는 것도 큰 일거리야. 그런가 하면 머리 위에서는 판단 아저씨 부부가 침대를 창가로 옮기느라 엄청난 소리를 낸단다.

자기 전에 우리는 각자 정해진 시간에 세면실을 사용하는데, 다음 사람을 위해서 정리를 하고 나와야 해.

10시쯤 모두가 잠자리에 들어도 한동안 여기저기서 침대 용수철이 삐걱거리는 소리가 들리게 마련이야. 몇몇 사람들은 볼일을 보기 위해 11시가 넘도록 화장실 앞을 어슬렁거리기도 해.

잠을 이루지 못하는 건 괴로운 일이야. 특히 뒤셀 씨는 잠들기 전에 쩝쩝거리는 소리를 내는 버릇이 있어서 아주 괴롭단다.

그렇게 밤은 깊어 가고, 때로는 한밤중에 폭격이 시작되기도 해. 그럴 때면 나는 베개를 들고 아빠가 있는 곳으로 달려가기도 해. 아빠의 침대를 파고들면 공포가 훨씬 덜해지는걸.

아침 6시 45분에 시계가 울리고 여기저기서 또다시 삐걱거리는 소리를 내며 사람들이 일어나지. 그리고 차례차례 세면대로 달려간단다. 이렇게 새로운 하루가 또 시작되는 거지.

1943년의 일기

1943년 8월 5일 목요일

키티에게.

오늘은 낮 시간의 이야기를 할게.

12시 반이 되면 우리들은 조금 숨통이 트이게 돼. 창고에서 일하는 두 남자가 점심을 먹으러 나가는 시간이거든. 그러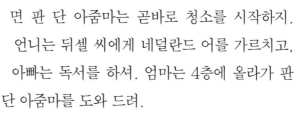면 판 단 아줌마는 곧바로 청소를 시작하지. 언니는 뒤셀 씨에게 네덜란드 어를 가르치고, 아빠는 독서를 하셔. 엄마는 4층에 올라가 판 단 아줌마를 도와 드려.

12시 14분이 되면 은신처는 손님들로 떠들썩해지곤 해. 얀 씨와 클레이만 씨, 퀴홀레르 씨가 오거든. 때로는 베프와 미프도 함께 와.

1시가 되면 작은 라디오 주위에 앉아서 조용히 영국 BBC 방송을 듣는단다.

1시 15분부터는 식사를 하게 되지. 아래층 사람들에게도 수프를 대접하는 거야. 이 때 바깥 세상의 소식을 전해 주는 클레이만 씨는 우리에게 훌륭한 정보원인 셈이야. 1시 45분쯤 식사를 끝내면 엄마는 설거지를 하고, 다른 사람은 각자 하고 싶은 일을 하는 거야.

한동안 아주 조용해지는 건 모두 잠을 자기 때문이야. 나는 이 조용한 시간을 이용해서 공부를 한단다.

그럼 안녕! 안네가.

키티에게.

수도 없이 반복되는 일이지만, 뒤셀 씨 때문에 우리는 또 위험에 빠질 뻔했어.

글쎄, 그 사람이 미프에게 무솔리니를 비난하는 내용이 실려서 판매가 금지된 책을 부탁했다는 거야. 그런데 그걸 가지고 오는 도중에 미프의 자전거가 나치스 친위대의 자동차와 부딪칠 뻔했대. 그래서 자기도 모르게 "운전 똑바로 해!"라고 소리쳤다지 뭐야. 그대로 달려오기는 했지만, 만약 그들에게 연행되었다면 무슨 일이 생겼을지 생각만 해도 끔찍해.

오후 5시 반이 되면 베프가 올라와서 창고 사람들이 돌아갔다는 걸 알려 준단다. 그 때부터 우리에게는 자유로운 저녁 시간이 시작되는 거지. 판 단 아줌마는 베프만 보면 뭔가를 구해 달라고 부탁하다 못해 안달을 하곤 해.

그럼 안녕! 안네가.

1943년 8월 23일 월요일

키티에게.

아침 8시 반이 가까워지면 우리 엄마는 안절부절못해.

"좀 조용히 해요. 8시 반이 다 됐어요. 더 이상 물을 쓰면 안 돼요. 돌아오라니까요!"

세면실의 아빠에게 재촉하는 소리야. 8시 반 이후에는 무슨 일이 있어도 물을 흘려 보내선 안 되거든. 아래층 사무실 사람들이 출근하기 전까지는 창고에 있는 사람들이 아주 조그만 소리까지도 다 들을 수 있기 때문이야.

8시 20분쯤에 나는 4층에 가서 멀건 오트밀을 받아 가지고 내 방으로 돌아와 또 하루를 지낼 준비를 한단다. 4층에서도 침대를 정리하는 등 여러 가지 일들을 재빠르게 해치우는 소리가 들려. 판 단 아줌마가 슬리퍼로 갈아 신고 나면 비로소 주위가 조용해져.

나는 무엇보다도 아빠처럼 독서와 공부를 많이 하려고 해. 아빠는 디킨스의 책과 사전을 끌어안고 일단 독서를 시작하면 얼굴조차 들지 않으신단다. 아빠가 책을 읽으실 땐 목에 주름이 깊게 파이는 걸 볼 수 있어. 노인네 같아.

"여보, 이 대목은 참 재미있어. 당신도 꼭 읽어 봐."

가끔은 엄마에게도 권하시지.

엄마는 독서든 뜨개질이든 기분에 따라 일을 하셔. 잠시 동안 그렇게 평화가 계속되지.

그럼 안녕! 안네가.

1943년 9월 16일 목요일

키티에게.

안네의 일기

이 곳 사람들의 사이가 점점 냉랭해지고 있어. 심지어 밥을 먹을 때조차도 대화를 나누지 않는단다. 무슨 말을 해서 오해를 받느니 차라리 입을 다무는 편이 낫다고 생각하는 거야.

가끔 포스콰일 씨가 방문하는데, 말기 암환자라 그런지 정말 보기가 딱해. 죽음이 가까워 오고 있다는 걸 생각하면서 사는 나날들이 얼마나 괴로울까.

우리 역시 걱정과 공포로 짓눌린 나날을 보내면서 표정들이 굳어 버렸어.

문제는 창고에서 일하는 판 마런이라는 사람이야. 그가 뭔가 낌새를 챈 것 같다는 거야. 하긴 베프와 클레이만 씨가 무슨 조사를 한다거나 실험실에 간다는 핑계로 그렇게 자주 위층을 들락거리는 걸 보고 수상하게 여기는 게 당연하지. 이 건물의 뒤쪽 부분이 원래는 옆 건물에 딸린 공간이라는 퀴흘레르 씨의 주장도 이상했겠지. 게다가 그 사람은 질이 좋지 않고 캐묻기를 좋아해서 따돌리는 게 여간 까다롭지 않대.

한번은 퀴흘레르 씨가 코트까지 입고 나가는 체하며 길모퉁이의 약국까지 갔다가, 다시 몰래 돌아와서 우리에게로 온 적도 있어. 1시 15분쯤 계단으로 돌아가려는데, 베프가 층계참에서 기다리고 있다가 판 마런이 사무실에 있다는 걸 알려 주었어. 퀴흘레르 씨는 하는 수 없이 우리와 15분쯤 더 있다가 앞쪽 지붕에 있는 다락방 문으로 통하는 계단을 이용해 조

1943년의 일기

심조심 밖으로 나가야 했단다. 계단이 삐걱거리는 소리를 낼까 봐 구두를 벗어 든 채 말이야. 회사의 중역이 신발을 벗은 채 다락방 계단을 도둑고양이처럼 내려가는 장면이라니!

그럼 안녕! 안네가.

1943년 9월 29일 수요일

키티에게.

오늘은 판 단 아줌마의 생일이야. 우리는 저마다 잼과 치즈와 빵 배급표를 선물했고, 뒤셀 씨와 사무실 사람들은 음식과 꽃을 선물했어. 생일 선물치고는 참 이상하지?

이번 주에 베프는 몹시 짜증을 냈어. 너무 많은 심부름에 지친 거야. 회사일이 끝난 뒤에 번번이 우리가 요구하는 물건들을 사러 나가야 한다는 게 보통 일이 아니었을 거야. 클레이만 씨도 아프고 미프는 감기에 걸렸고 게다가 베프는 다리를 삐었거든.

우리는 베프를 위로하며 말했어.

"가끔은 시간이 없다고 거절할 줄도 알아야 해. 그러면 요구도 줄어들 거야."

지난 토요일에는 은신처 식구들이 한바탕 입씨름을 벌였어. 서로가 불평불만이 가득 찬 채로 눈물을 흘리기까지 했다니까. 뒤셀 씨는 자기는 우리에게 잘못한 게 하나도 없는데

안네의 일기

이 집에서 가장 하찮은 취급을 당하고 있다고 엄마에게 울먹이면서 하소연을 했어. 하지만 이번만큼은 엄마도 그 말에 동조하지 않고 단호하게 말했어.

"잘못한 게 없다고요? 그런데 왜 모두들 당신 때문에 지겨워하는지 생각 좀 해 보시죠."

판 단 아저씨도 어딘가 이상해. 판 단 아저씨가 고기랑 그 밖의 물품들을 몰래 숨기고 있다는 걸 알고 아빠는 몹시 화가 나셨어. 이런 치사한 소동을 겪다 보면 머리가 돌 지경이야.

아, 어디론가 떠날 수 있다면 얼마나 좋을까?

그럼 안녕! 안네가.

1943년 10월 17일 일요일

키티에게.

클레이만 씨는 몸이 아픈데도 판 단 아저씨의 부탁을 받고는 싫은 내색 없이 옷을 팔러 나갔어.

판 단 아저씨네는 돈이 떨어진 거야. 그 말을 들으니 앞이 캄캄했어. 게다가 판 단 아저씨는 창고에서 100길더를 잃어버렸다는 거야. 도대체 그 돈이 어디로 간 걸까?

서로를 의심해야 하는 건 정말 싫어. 결국 도둑을 맞았다는 이야기인데, 그 도둑이 누구란 말인지……

아무튼 돈이 떨어졌는데도 판 단 아줌마는 잔뜩 걸려 있는 코트며 드레스 같은 자기 옷은 팔 생각이 없나 봐. 판 단 아저씨의 양복은 잘 팔리지도 않고 아무래도 판 단 아줌마의 모피 코트가 적격일 것 같은데 말이야.

지난 한 달 동안 이 집 안에서는 줄곧 부부 싸움에, 불평에, 온갖 추잡한 말들이 오고 갔어. 아빠는 그런 상황에 진저리를 치셔. 엄마는 얼굴이 벌게지고, 언니는 골치가 아프대.

이제는 누가 누구와 싸웠는지, 언제 화해를 했는지도 관심이 없어. 난 그런 것에서 신경을 끄고 그저 열심히 공부를 하고 있단다.

그럼 안녕! 안네가.

1943년 10월 29일 금요일

키티에게.

판 단 씨 부부는 겨울 코트와 양복을 한 벌씩 팔기로 했는데 잘 되지 않았어. 너무 비싼 값에 내놓았기 때문이야. 그러던 중에 클레이만 씨의 노력으로 모피상에게 판 단 아줌마의 모피 코트를 팔 수 있었어. 17년이나 입은 것인데, 값을 아주 잘 받았어.

그런데 판 단 아줌마는 전쟁이 끝나면 다른 옷을 사겠다며 그 돈을 움켜쥐었고, 판 단 아저씨는 당장 생활비가 필요하다고 통사정을 했어. 결국 두 사람은 고함치고 욕하고 무시무시한 싸움을 벌였단다.

나는 이 상황이 너무 비참해서 울고 말았어.

나는 요즘 기분이 우울하고 식욕이 없어졌어. 사람들이 걱정할 정도로 먹지를 못해. 숨막힐 듯한 두려움으로 온몸이 녹초가 되곤 해. 우리는 포도당, 간유(명태, 상어 등의 물고기의 간장에서 뽑아 낸 지방유로, 비타민 A와 D가 많이 포함되어 있음), 효모, 칼슘제 등도 먹으면서 모두들 최대한 건강을 지키기 위해 노력하고 있어.

하지만 어쩔 수 없이 우울하고 무기력해질 때가 있어. 집 안의 공기는 무겁기 짝이 없고, 침묵조차도 숨이 막힐 듯이 두려워져. 마치 어둠 속에 갇혀서 날개를 파닥이고 있는 작은 새가 된 기분이야.

예전 같으면 웃으려고 애쓰고 신선한 공기를 마시고 싶어 했는데, 요즘은 아무런 의욕도 없어서 그냥 소파에 쓰러져 자 버리곤 해. 그저 시간이 어서 흘러가기만을 바라고 있어. 견딜 수 없는 공포에서 벗어나는 길은 그것뿐이니까.

그럼 안녕! 안네가.

1943년 11월 3일 수요일

키티에게.

아빠는 언니와 나를 위해서 사범 학교의 초급 라틴 어 통신 강좌를 신청해 주셨어. 우리 형편에는 부담이 되는 비용이지만, 아빠가 과감하게 결정을 내리신 거야.

언니는 교재가 도착하자마자 공부에 달려들었어. 나도 열심히 하고 싶지만 사실 좀 어려워.

아빠는 또한 나에게 청소년용 신약 성서를 구해 주셨단다. 이제 나도 성서에 관해 조금은 알게 될 거야.

청소기가 고장이 나서 나는 밤마다 낡은 빗자루로 카펫을 쓸고 먼지를 털어 내곤 해. 그런데 다른 식구들은 수고했다는 말은커녕 먼지를 일으킨다고 불만이란다.

우리는 커튼을 압정으로 눌러서 고정해 놓고 지내는데, 가끔은 밖을 내다보고 싶은 유혹을 이기지 못하는 사람이 있어. 그러면 모두들 한 마디씩 쏘아붙이는 거야. 정말 아주 사소한 일이 큰 위험을 부를 수 있다는 걸 왜 생각하지 못하는 걸까?

그래도 요즘은 말다툼 소동이 좀 잔잔해졌어. 판 단 아저씨 부부와 말다툼을 할 기운이 남아 있는 사람은 뒤셀 씨뿐일 거야. 그 사람은 판 단 아줌마에 대한 이야기를 할 때 아예 '그 멍청한 암소'라는 식으로 독설(모질고 독한 말)을 하고, 그러면 아줌마는 그보다 더 심한 말을 내뱉곤 하지. 자기 결점은 모르고 남의 결점만 보는 사람들임에 분명해.

그럼 안녕! 안네가.

키티에게.

나는 요즘 좀 우울해. 이유는 잘 모르지만 분명한 건 내가 두려움에 예민하다는 거야.

오늘 저녁 베프가 여기에 있을 때, 입구의 벨이 길고 요란하게 울렸어. 그 순간 내 심장은 터질 듯이 뛰었고 배가 아파 오면서 얼굴이 새파랗게 질리고 말았어.

또한 밤에 침대에 누워 있으면 마치 가족들과 떨어져서 혼자 감옥에 있는 느낌이 들곤 해. 우리 집에 불이 난다거나 군인들이 밤중에 들이닥쳐 우리를 체포하는 등 온갖 상상을 하면서 절망하곤 해. 실제로 그런 장면이 내 눈앞에 어른거려. 언제 그런 일이 일어날지 모른다는 게 가장 두려워.

전쟁이 끝나고 우리가 평범한 생활로 돌아갈 수 있다는 게 상상이 되질 않아. 그건 이루어지지 않는 꿈이라는 생각이 드는 거야.

이 곳에 사는 우리 여덟 명은 먹구름에 둘러싸인 하늘과 같다는 생각이 들어. 주위의 먹구름이 시시각각 조여 오고 있는

것만 같아. 우리는 위험과 어둠에 완전히 포위된 채로 살 길
을 찾으려 몸부림을 치는 거야. 내가 할 수 있는 일은 그저
기도뿐이야.

그럼 안녕! 안네가.

키티에게.

아주 곤란한 일이 생겼어. 베프네 집에 디프테리아(호흡 곤
란을 일으키고 신경 마비나 심장 장애가 따르는, 어린이가 잘 걸리
는 급성 전염병)가 번지고 있어서 6주 동안은 우리에게 올 수
없대. 그래서 식료품이나 물건을 사들이는 게 몹시 어려워졌
어. 클레이만 씨도 줄곧 아파서 3주일째 죽만 먹고 있대. 쾨
흘레르 씨 혼자서 우리를 돕느라 애쓰고 있어.

언니는 베프의 이름으로 라틴 어 강좌를 듣고 있는데, 과제
물에 대한 성적이 나왔어. 훌륭한 선생님을 만난 것 같아. 그
분도 우리 언니처럼 우수한 학생을 제자로 두어서 기쁠 거야.

뒤셀 씨와 판 단 아줌마의 사이가 냉랭해졌어. 어제는 뒤셀
씨가 우리 집에 온 지 꼭 1년이 되는 날이었어. 그 기념으로
뒤셀 씨는 우리 엄마에게 화분을 하나 선물했지만, 판 단 아
줌마에게는 아무것도 주지 않은 거야. 우리는 뒤셀 씨가 판
단 아줌마한테 그 동안 잘 지낼 수 있게 도와 줘서 고맙다는

인사 정도는 하는 게 좋다고 생각하는데, 그 사람은 아무 말도 안 하고 버틴단다.

나는 어제 아침에 뒤셀 씨에게 축하를 해야 하는 건지 슬퍼해야 하는 건지 모르겠다고 말했어. 뒤셀 씨는 아무래도 상관없다더군. 그 사람은 정말 제멋대로야. 약속을 하고도 지키는 일이 별로 없어. 비난받아 마땅한 일이야.

그럼 안녕! 안네가.

1943년 12월 22일 수요일

키티에게.

감기가 심해서 한동안 일기를 쓸 수 없었어. 여기에 살면서 감기에 걸리면 정말 곤란해져. 기침이 나오면 허둥지둥 담요 속으로 들어가야 하거든.

땀을 내고 목과 가슴에 찜질을 하고 따뜻한 음료를 마시고 양치를 하고 약을 바르고 별별 처방을 다 했단다. 두 시간마다 체온도 쟀어.

뒤셀 씨가 증상을 알아볼 생각으로 머리를 내 가슴에 댔을 때는 정말 끔찍했어. 30년 전에 딴 의사 자격증이 무슨 효력이 있다고 넉살 좋게 그런 행동을 하는 건지, 원!

아무튼 지금은 다 회복되었어. 키도 1cm쯤 더 자랐고, 체중도 늘었어. 그리고 웬일인지 사람들이 사이좋게 지내고 있어. 오랜만에 맛보는 평화란다.

크리스마스를 위한 식용유와 과자 등의 특별 배급이 있었어. 뒤셀 씨는 하누카(유대 인의 연례 축제) 축제 기념으로 엄마와 판 단 아줌마한테 케이크를 선물했어. 미프에게 부탁해서 구운 거래. 미프가 그런 일까지 해야 했다니……

언니와 나는 미프와 베프에게 선물을 하려고 벌써 한 달 전부터 아침마다 오트밀에 넣는 설탕을 조금씩 아껴서 모아 두었어. 클레이만 씨의 도움을 받아 그걸로 크리스마스 과자를 만들 생각이야.

오늘은 비가 내리고 난로에서는 고약한 냄새가 나고 있어. 전쟁은 별 진전이 없고, 사람들은 의기 소침해져 있어.

그럼 안녕! 안네가.

1943년 12월 24일 금요일

키티에게.

다른 유대 인 아이들과 비교해 보며 나는 얼마나 운이 좋은가를 생각하면 이 곳이 '천국'이라는 생각이 들지만, 오늘처럼 클레이만 씨의 딸 요피의 하키 클럽 이야기, 카누 여행,

연극 활동 등의 이야기를 들으면 금세 '절망의 나락'으로 떨어지고 만단다.

요피를 질투하는 건 아니야. 단지 나도 한 번쯤 그런 즐거움을 맛보고 싶다는 거지.

밖에서 들어온 사람들에게서 바람 냄새가 날 때면, 우리는 언제쯤 신선한 공기를 마실 수 있을까 생각하곤 해. 누구라도 이렇게 1년 반이나 갇혀 지내는 생활을 한다면, 아무리 건강한 판단력이 있고 이 정도로 사는 것에 대한 감사의 마음을 잊지 않는다 해도 마음 깊은 곳에 그런 욕망이 있는 걸 숨길 수가 없을 거야. 가끔 나는 자전거를 타고 휘파람을 불고 자유를 만끽하는 꿈을 꾼단다. 하지만 그런 마음을 드러내면 서로 비참해질 뿐이야.

누군가에게 이런 이야기를 하며 어깨에 기대어 울 수 있다면 좋겠지. 나는 엄마가 진심으로 나를 이해해 주지 못한다는 사실에 슬퍼져. 그래서 나는 나중에 내 아이들을 키우게 될 때에는 아주 이상적인 어머니가 되고 싶어.

아빠는 참을성이 참 많으셔. 엄마의 결점을 알면서도 잘 참으시니까 말이야. 나도 아빠처럼 되고 싶어.

그럼 안녕! 안네가.

1943년 12월 27일 월요일

금요일 밤, 난생 처음으로 크리스마스 선물을 받았어(유대인들은 크리스마스가 아닌 하누카 축제를 축하한단다). 클레이만 씨, 퀴흘레르 씨 그리고 미프와 베프가 생각지도 않은 선물을 준비한 거야.

미프가 만든 맛있는 케이크 위에는 '1944 – 평화' 라는 말이 씌어 있었어. 모든 선물에는 크리스마스 카드도 붙어 있었어. 이런 선물이 아니었다면 우리는 크리스마스도 모르고 지나갔을 거야.

1943년 12월 29일 수요일

어젯밤에는 할머니와 내 친구 한넬리가 생각나서 몹시 슬펐어.

할머니는 언제나 나를 감싸 주셨지. 얼마나 다정하신 분이었는지 몰라. 할머니는 큰 병에 걸려 고생을 하시면서도 그 사실을 우리에게 숨기고 혼자만 알고 계셨어. 얼마나 외로우셨을까?

그리고 내 친구 한넬리는 지금쯤 어떻게 지내고 있을까? 유대 인인 한넬리가 아직 살아 있을까? 하느님, 제발 한넬리를 도와 주세요. 우리에게 돌려 보내 주세요.

한넬리, 나는 가끔 내가 네 입장이었다면 지금쯤 어떻게 되었을까를 생각하곤 해. 그런데도 때때로 이 곳 생활이 너무 비참하게 느껴진단다.

한넬리와 그 애처럼 고통받는 사람들을 생각하면 언제나 감사하고 만족할 줄 알며 살아야 하겠지. 그런데 왜 나는 늘 악몽을 꾸고 무서움에 떨어야 하는 걸까? 너무 무서워서 비명을 지르고 싶을 때도 있어. 하나님을 믿는 마음이 부족하기 때문일 거야.

나와 같은 상황에 처해 있는 유대 인들을 생각하면 하루 종일이라도 울 수 있을 것 같아. 지금 내가 할 수 있는 건 하나님께 기적을 달라고, 불행한 사람을 구해 달라고 기도하는 일 뿐이야.

그럼 안녕! 안네가.

1943년의 일기

1944년의 일기

나는 모든 사람들에게 위안과 기쁨을 주고 싶어.

같은 시대를 살면서도 나를 알지 못하는 사람들에게까지

필요한 존재이고 싶단다.

또 나는 죽은 후에도 영원히 기억되고 싶어.

1944년 1월 2일 일요일

키티에게.

오늘은 전에 쓴 일기를 모두 읽어 보았단다. 그런데 내가 엄마를 몹시 비난하고 있었던 것에 대해 몹시 놀랐어. 이렇게까지 분노하고 있었다니, 그리고 그걸 키티 네게 다 말해 버렸다니…….

예나 지금이나 나는 모든 걸 너무 주관적으로 생각하는 결점이 있어. 그래서 다른 사람의 말을 냉정하게 받아들이기보다는 쉽게 흥분하고, 상처받은 말에 대해서 적절하게 대응하지도 못하게 되지. 나는 스스로 도취되어 모든 기쁨과 슬픔, 경멸을 일기에 쓰는 것으로 만족하고 있었던 거야. 일기는 나에게 더없이 소중한 것이니까.

엄마가 내 마음을 이해하지 못하는 건 확실하지만 나 역시

안네의 일기

도 엄마의 마음을 이해하지 못하기는 마찬가지야. 사실 엄마는 나를 몹시 사랑하고 나에게 아주 잘해 주시는 분이야. 이런 상황에선 엄마도 나 때문에 짜증나는 걸 숨길 수 없으셨을 테고, 그 때마다 나는 엄마에게 대들고 반항했어. 그래서 엄마는 또 실망하고 화를 내실 수밖에 없으셨던 거지.

이제 엄마 때문에 우는 시기는 지났어. 나도 철이 좀 들어서 예전처럼 벌컥 화부터 내지는 않아. 엄마도 마찬가지고. 그래서 요즘은 그다지 충돌하는 일이 없단다.

내가 엄마에게 가진 그 엄청난 불만을 일기에만 썼던 건 다행스러운 일이야. 만약 그대로 말해 버렸다면 엄마 가슴에 큰 못을 박는 일이었을 테니 말이야.

1944년 1월 5일 수요일

키티에게.

오늘은 몇 가지 고백할 게 있어. 너만큼 비밀을 지킬 수 있는 상대는 없으니까 말이야.

첫째는 엄마에 대한 이야기야. 난 엄마에게 불만이 많지만 사이좋게 지내려고 많이 노력하고 있어. 그래도 난 친구 같은 엄마보다는 내가 존경할 수 있는 엄마였으면 좋겠어. 하지만 마르고 언니는 나와는 생각이 좀 다른 것 같아.

좀 오래 된 일이지만 난 엄마에게서 크게 상처받은 일이 있

1944년의 일기

어. 그 일은 아직도 용서할 수가 없어. 전에 나는 가끔 엄마와 언니와 함께 치과 치료를 받으러 다녔는데, 그 때 있었던 이야기야.

어느 날인가, 우리 셋이 집을 나서는데 엄마가 나보고 자전거를 타고 가도 좋다고 허락을 해 주셨어. 그런데 치료를 끝내고 나왔더니, 엄마랑 언니는 쇼핑을 하러 시내에 갈 예정이라는 거야. 물론 나도 함께 가고 싶었지. 그런데 엄마는 자전거가 있으니 나는 안 된다는 거였어. 내가 너무 화가 나서 그만 울어 버렸더니, 엄마와 언니는 그런 나를 보고 깔깔 웃지 뭐야.

결국 나는 자전거를 타고 울면서 집으로 돌아올 수밖에 없었는데, 그 날 내가 받은 상처가 얼마나 컸는지 지금도 그 생각을 하면 비참해진단다.

또 한 가지는 내 몸에서 일어나는 변화에 대한 것이야.

어제 우연히 책에서 얼굴이 빨개지는 증상에 관한 내용을 읽었어. 그건 마치 나를 위해 쓴 책 같았어. 비록 나는 얼굴이 쉽게 빨개지지는 않지만 다른 내용은 모두 똑같았어.

작가는 사춘기 소녀들이 내면적으로 안정되면서, 동시에 자신의 몸에 일어나는 놀라운 변화에 대해 생각하게 된다는 거야. 나도 지금 그런 상태인데, 부모님 앞에서는 왠지 부끄러운 기분이 들어.

물론 내 몸에 변화가 생기는 건 멋진 일이라고 생각해. 신

안네의 일기

체적인 것뿐 아니라 내면의 변화도 마찬가지지. 생리를 할 때
는 좀 번거롭고 찝찝한 기분은 있지만 그래도 은밀한 비밀을
가졌다는 기쁨도 있거든. 요즘은 가끔 침대 속에서 내 가슴을
만져서 심장의 고동을 느끼고 싶은 충동이 일곤 해.

그리고 그림에서 여자의 나체를 볼 때면 그 아름다움에 넋
을 잃게 되곤 해. 슈프링거(독일의 미술사가로, 실증주의적 미술
사를 전개함)의 〈미술사 편람〉에 나오는 비너스상은 너무나
완벽해서 그림을 보다가 눈물을 흘리기도 했어.

아, 이런 이야기를 함께 나눌 수 있는 친구가 있다면 얼마
나 좋을까!

1944년 1월 6일 목요일

키티에게.

나는 요즘 페터와 이야기를 좀 나눠 볼까 생각 중이야. 가
끔 그 애가 있는 다락방에 올라가 보는데, 늘 편안한 곳이라
는 생각이 들어. 하지만 페터는 내성적이라 그를 귀찮게 하는
게 아닐까 싶어 오래 있을 수는 없어.

어제는 이야기를 나눌 기회를 가졌
어. 페터는 요즘 크로스워드 퍼즐(십자
말풀이)에 몰두하고 있는데, 퍼즐을
푸는 걸 도와 주다가 소파에 마주 보

고 앉게 된 거야.

내가 그 애의 푸른 눈을 들여다보니까 좀 당황해하는 것 같았어. 내 마음 속에서도 기묘한 감정이 일어났단다. 그 애가 좀 곤혹스러워하면서도 내게 남성적인 면을 보여 주려 한다는 걸 알아차렸거든. 나는 뭔가 다정한 말을 건네고 싶었지만 그런 말은 쉽게 나오지 않았어. 결국 우리는 얼굴을 붉히는 증상에 관한 이야기를 조금 나눴을 뿐이야.

그러나 밤에 나는 그 일을 생각하고는 혼자 소리죽여 울었단다. 내가 먼저 페터와 친해지고 싶은 생각을 했다는 게 끔찍했어. 하지만 앞으로는 자주 페터를 만나서 그 애가 쉽게 이야기를 할 수 있도록 만들어 줄 참이야. 물론 내가 사랑에 빠진 건 아니야. 페터가 여자였다 해도 난 그 애와 친해지려고 노력했을 테니까.

오늘 아침에는 어젯밤에 꾼 꿈이 또렷이 기억났어. 나는 의자에 앉아 있고 맞은편에 내 첫사랑인 페터르 스히프가 앉아 있었는데, 우리는 함께 화집을 보고 있었어. 그림까지 기억날 정도로 선명한 꿈이었어. 그런데 우리의 눈이 순간 마주쳤는데, 그 애 눈이 굉장히 아름다웠어. 이윽고 페터르가 조용히 말했어.

"내가 너를 좀더 잘 알았다면 진작 네게로 왔을 텐데……."

그 다음 순간 내 뺨에 그 애의 차가운 뺨이 닿았는데, 여전히 황홀하고 기분 좋은 감촉이었어.

1944년의 일기

바로 그 순간 잠에서 깼는데, 그의 감촉과 갈색 눈이 내 마음에 남아 있었어. 나는 그와 헤어졌다는 게 슬퍼서 눈물을 흘렸어. 내가 여전히 페터르를 사랑하고 있다는 것도 이 꿈을 통해서 확인할 수 있었어.

나는 가끔 신기할 만큼 선명한 꿈을 꾸곤 해. 전에는 할머니에 관한 꿈이었어. 할머니의 주름 잡힌 피부의 감촉까지도 선명했어. 그리고 외할머니의 꿈도 꾸었어. 그런데 이번에는 페터르가 꿈에 나타난 거야.

내 친구 한넬리의 꿈을 꾼 적도 있어. 나에게 있어서 한넬리는 고통받는 모든 유대 인의 상징이기도 해. 그 사람들을 위해 기도할 거야. 그럼 안녕! 안네가.

1944년 1월 7일 금요일
키티에게.

난 정말 바보인가 봐. 내 첫사랑인 페터르에 대해서 한 번도 이야기를 하지 않았다니…….

유치원 시절에 나는 살리 킴멜을 좋아했었어. 그 애는 엄마와 둘이 할머니 집에서 살고 있는 아이였어. 그 애의 집에는 사촌 형제들도 있었는데, 아피라는 아이는 아주 잘생겼었어. 몇 년 후에 우연히 봤을 때에는 영화 배우처럼 보였단다.

그러다가 초등 학교 때 페터르를 만난 거야. 어린 마음에도 나는 그 애에게 푹 빠졌어. 그 애도 나를 좋아했고, 우리는 손을 잡고 암스테르담 시내를 돌아다니곤 했어.

그 애가 중학교에 진학했을 때, 나는 6학년이었어. 하지만 학교 수업이 끝나면 늘 함께 집으로 돌아왔어. 페터르는 잘생기고 멋있는데다 성실하고 영리했지. 웃는 모습이 아주 매력적이었어.

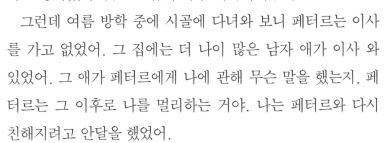

그런데 여름 방학 중에 시골에 다녀와 보니 페터르는 이사를 가고 없었어. 그 집에는 더 나이 많은 남자 애가 이사 와 있었어. 그 애가 페터르에게 나에 관해 무슨 말을 했는지, 페터르는 그 이후로 나를 멀리하는 거야. 나는 페터르와 다시 친해지려고 안달을 했었어.

그렇게 1년쯤 지나고 내가 유대 인 중학교에 갔더니, 우리 반 남자 애들이 나를 좋아하기 시작했어. 좀 우쭐하기는 했지만 별로 내키지는 않았어. 그러다가 헬로와 잠시 친해졌었어.

나는 그 동안 페터르에게 받은 상처를 다 잊은 줄로만 알고 있었어. 그 애가 다른 여자 애들과 친한 걸 보면서 그 애를 완전히 잊었다고 생각했어. 하지만 지금 생각해 보니 질투 때문이었나 봐.

꿈을 꾸고 난 후 나는 깨달았어. 내가 아직도 페터르를 잊지 못했다는걸. 심지어 아침에 아빠가 키스해 주었을 때, 아빠가 아니라 페터르라면 좋겠다는 생각까지 했었어. 살아 남아서 여기에서 나간다면 제발 그 애를 다시 만나게 되기를 빌

1944년의 일기

고 있어.

언젠가 아빠가 내가 그리움을 알기에는 아직 어리다고 말한 적이 있는데, 지금 나는 그리움이 뭔지 아주 절실히 깨닫고 있어.

거울에 비친 내 얼굴이 어딘가 달라 보여. 뺨은 발그레하고 입술도 도톰해졌어. 꿈 속에서 느꼈던 페터르의 뺨의 감촉이 아직도 생생하단다.

1944년 1월 12일 수요일

키티에게.

베프가 돌아왔어. 여동생의 병이 나았대. 미프와 얀은 배탈이 나서 이틀간 쉬었단다.

요즘 밤에는 발레와 댄스 스텝을 연습하곤 해. 난 레이스가 달린 엄마의 페티코트(스커트 밑에 받쳐 입는 속치마)로 무용복을 만들었어. 연습을 하면서 몸이 유연성을 되찾는 것 같아.

언니는 요즘 아주 상냥해졌어. 전처럼 얄미운 짓도 안 하고 나와 친구처럼 지내고 있어. 특히 나를 어린애 취급하지도 않는단다.

이 곳에 오기 전에도, 나는 엄마랑 아빠 그리고 언니와 친해지질 못해서 소외당한 느낌이 있었어. 한동안은 스스로 고아처럼 느끼기도 했어. 그래도 나중에는 모두와 친해지려고 노력했단다.

아침마다 발자국 소리가 들리면 난 엄마가 와서 '잘 잤니?' 하고 아침 인사를 해 주기를 바라곤 했어. 하지만 오히려 잔소리를 듣고 뾰로통해져서 학교에 가야 했지. 학교에서 돌아왔을 때에도 엄마에게 하고 싶은 이야기가 많았지만, 엄마가 진지하게 들어 주지 않을 거라는 생각에 곧 우울해지곤 했어. 그런 날이면 밤에 혼자서 많이 울기도 했단다.

그런데 요즘은 하나님이 내게 구세주를 보내 주셨어. 그게 바로 페터야. 지금은 페터만 있으면 다른 사람들이 어떻든 상관없어. 이 사실은 아무도 모르는 일이야.

그럼 안녕! 안네가.

1944년 1월 15일 토요일
키티에게.

요즘 이 집에서는 한바탕 언짢은 일이 있은 후로는 버터에서 고기까지 모든 식료품을 사람 수대로 나누었어. 감자도 각자 자기 것을 먹고 있어.

얼마 전부터 우리 가족은 녹말가루로 만든 빵을 간식으로 먹고 있어. 오후 4시가 되면 배가 너무 고파서 저녁까지 기다릴 수가 없기 때문이야.

며칠 후에는 엄마 생일이란다. 퀴흘레르 씨가 엄마 생일을 위해서 설탕을 조금 주었는데, 판 단 아줌마는 그걸 몹시 질투하고 있어.

우리는 요즘 잠시만이라도 판 단 아저씨네와 떨어져서 살 수 있으면 좋겠다는 생각을 해. 하긴 너무 오래 같이 살다 보면 충돌이 있게 마련이지.

뒤셀 씨가 식탁에서 다른 사람의 몫은 안중에도 없다는 듯 그릇에 담긴 요리의 반을 자기 접시에 담을 때면 나는 식욕이 싹 달아나고 말아. 벌떡 일어나 뒤셀 씨를 문 밖으로 쫓아 내고 싶은 심정이 되거든.

인간은 참 비열한 존재인 것 같아. 이 집에 살면서 인간의 여러 가지 면을 발견할 수 있었다는 게 다행이기는 하지만 이젠 신물이 날 정도야. 우리가 이렇게 아옹다옹하고 있는 동안에도, 또 신선한 공기를 그리워하고 있는 동안에도 전쟁은 계속되고 있어. 우리가 할 일은 이 곳의 삶을 최대한 즐겁게 만들어야 한다는 거야.

여기에 계속 있다가는 인간성이 말라비틀어지고 말 거야. 나는 정말 인간다운 삶을 살고 싶은데…….

그럼 안녕! 안네가.

안네의 일기

키티에게.

사람은 왜 진짜 자기 모습을 숨기려고 하는 걸까? 내가 이따금 사람들 앞에서는 진짜 마음과 다른 행동을 하게 되는 이유는 무엇일까? 상대를 신뢰하지 못하기 때문이겠지. 다른 사람, 특히 가장 가까운 가족에게까지 속마음을 털어놓을 수 없다는 건 쓸쓸한 일이야.

며칠 전 페터르 스히프의 꿈을 꾼 이후에 나는 훨씬 성장한 느낌이야. 판 단 아저씨네 가족을 보는 관점까지도 달라졌을 정도니까.

난 그들의 말다툼을 좀 다른 각도에서 보게 되었어. 만약 우리 엄마가 좀더 사려 깊은 사람이었다면 판 단 아저씨네와의 관계도 지금보다는 나았을 거란 생각이 들어. 판 단 아줌마가 좀 대책 없는 사람이기는 하지만, 우리 엄마도 만만치 않게 까다롭거든.

또 판 단 아줌마에게도 좋은 점은 있어. 인색하고 엉큼한 데가 있기는 하지만, 공연히 심사를 긁어 놓지만 않는다면 이해심이 전혀 없는 사람은 아니야. 지금껏 있어 왔던 말싸움들도 서로가 이해하고 친절하게 지내겠다는 마음이 있었다면, 그렇게까지 말꼬리를 잡으려고 신경을 곤두세우지만 않았다면 절반은 줄어들었을 거야.

지금부터는 나도 무엇이든 신중하게 생각하고 과장되지 않은 진실을 보려고 애쓸 거야. 사실 내게는 고집스러운 편견이 있었어. 언제나 우리는 옳고 저쪽은 나쁘다고 생각해 왔거든. 설사 우리가 옳다고 생각하더라도 그것이 문제가 된 이상 책임을 서로 나누어야 하는데 말이야. 현명한 사람이라면 통찰력을 가지고 상대방을 대해야 한다고 생각해.

그럼 안녕! 안네가.

1944년 1월 24일 월요일

키티에게.

아주 이상한 경험을 했어. 예전에는 누군가 성에 관한 이야기를 꺼낼 때면 듣기 거북하고 좀 징그러운 느낌이 있었거든. 모두들 그런 이야기는 소곤거리게 마련이고, 게다가 잘 알아듣지 못하면 바보 취급을 하곤 했어.

난 그런 걸 왜 그렇게 은밀하게 이야기해야 하는지 이상하다고 생각했어. 어쨌거나 이런저런 친구들을 통해서 그런 문제에 대해 웬만큼 알게 되었을 때, 엄마가 말했어.

"안네, 그런 이야기는 남자와 나눌 이야기는 아니야."

이 집에 온 후로는 내가 궁금해하는 것을 이따금 아빠가 말씀해 주셨어. 또 가끔은 책이나 어른들이 나누는 이야기에서 배운 것도 있고.

그런데 페터는 그런 문제에 대해 전혀 과장하지 않고 담담

하게 말해 주었어. 어제 페터와 마르고 언니와 함께 감자를 까고 있던 중에, 고양이 보슈에 관한 이야기를 하게 되었어.

"보슈가 암놈인지 수놈인지 모르지?"

내 질문에 페터가 대답했어.

"난 알아. 수놈이야."

"뭐라고? 수놈이 어떻게 배가 부르니?"

내 말에 두 사람 다 웃음을 터뜨렸어.

보슈가 수놈이 아니라고 생각한 이유는, 두 달 전 보슈의 배가 불룩해진 걸 본 페터가 새끼를 가진 거라고 말했기 때문이야. 그런데 아무리 기다려도 보슈는 새끼를 낳지 않았고 배도 더 이상은 불러 오지 않아서 조금 이상하다는 생각이 들기는 했어.

"내가 확인했어. 믿을 수 없다면 같이 가서 보여 줄게."

그래서 나는 페터와 함께 확인해 보기로 했단다.

그 날 오후에 용기를 내서 창고에 가 보았더니, 마침 페터가 보슈를 안고 있었어. 페터는 보슈의 배를 보여 주면서 말했어.

"자, 봐. 이게 수놈의 생식기야. 이건 항문이고."

아마 다른 남자 아이가 그렇게 말했다면 다시는 그 애 얼굴을 볼 수 없었을 거야. 그런데 페터가 하는 말은 하나도 징그

럽지 않았어. 그래서 나도 자연스러울 수 있었어.

이런저런 이야기를 나누다가 남자와 여자의 성기를 어떻게 부르는지에 대해서도 이야기했어.

"난 남자의 것은 뭐라고 부르는지 몰라."

"난 알아. 너도 알고 싶으면 부모님에게 물어 보면 되잖아."

우리는 이런 이야기를 하면서 계단을 내려왔단다.

페터와 이야기했던 말들을 떠올리면 기분이 좀 야릇해지기는 하지만, 나는 분명히 알게 된 것이 있어. 적어도 그런 이야기를 아주 자연스럽게 나눌 수 있는 상대가, 그것도 남자아이가 이 세상에 있다는 것 말이야.

1944년 1월 28일 금요일

키티에게.

클레이만 씨와 얀은 우리처럼 숨어서 살고 있는 사람들이나 지하 운동에 참여하고 있는 사람들의 이야기를 들려 주곤해. 우리는 그런 이야기를 흥미 있게 듣고, 간혹 체포된 사람들에 대해서는 가슴 아파하고, 그들이 풀려나면 진심으로 다행스러워하며 축하한단다.

우리들에게는 은신하는 사람들이나 지하 운동에 참여하는 사람들의 이야기가 조금도 낯설지가 않아. '자유 네덜란드'

128

와 같은 몇몇 단체는 신분증을 위조해 주거나 지하 운동을 하는 조직에 자금을 제공하고, 또 은신처를 소개하며 숨어 사는 사람들에게 일거리를 주기도 한대. 불행한 사람들을 위해서 그렇게 위험한 일을 한다는 건 정말 숭고한 자기 희생이라고 생각해.

지금 우리를 도와 주는 사람들도 마찬가지야. 우리가 지금까지 살아 남을 수 있었던 건 전적으로 그 사람들 덕분이거든. 부디 모든 게 안전하게 끝나기를 바랄 뿐이야. 중간에 발각되면 그분들도 우리와 마찬가지로 연행되는 신세가 되고 말 테니까.

그분들에게는 틀림없이 우리가 짐이 되는 존재일 텐데도 싫은 내색조차 없어. 날마다 밝은 얼굴로 올라와서 회사일이며 세상 돌아가는 이야기를 알려 주고, 식량과 책 등 우리에게 필요한 것들을 조달하기 위해 발이 아프도록 뛰어다닌단다. 게다가 생일이나 축제일에는 잊지 않고 꽃과 선물까지 준비해 주는 사람들……. 그 은혜는 영원히 잊지 못할 거야.

많은 군인들이 독일에 대항해서 용감하게 싸우고 있지만, 우리를 도와 주는 사람들의 정신도 그에 못지않은 영웅 정신이라고 생각해.

그럼 안녕! 안네가.

1944년의 일기

1944년 2월 3일 목요일

키티에게.

전국민이 연합군이 상륙하기를 기다리고 있단다. 신문에도 온통 상륙 작전에 관한 기사뿐이야. 그런데 영국군이 네덜란드에 상륙하면 독일군은 점령지를 지키기 위해 홍수 작전을 실시할지도 모른다는 기사 때문에 모두들 분개했어. 신문에는 그 기사와 함께 홍수 작전을 실시할 때 물에 잠기는 부분이 표시되어 있었는데, 암스테르담은 대부분 위험 지역이야. 네덜란드는 국토의 4분의 1이 해수면보다 낮아. 여기에서 말하는 홍수 작전이란 댐을 무너뜨려 도시로 바닷물을 끌어들이는 것을 가리켜.

우리는 만약 암스테르담이 1미터 정도 물에 잠기게 될 경우에 어떻게 하느냐를 놓고 논쟁을 벌였단다. 누구는 헤엄칠 수밖에 없다고 하고, 누구는 수영복을 입고 유대 인이라는 사실이 발각되지 않도록 잠수를 하겠다고 했어.

"무사히 이 집에서 나갈 수 없을걸. 물에 잠기면 창고 쪽은 무너질 거야. 지금도 흔들리고 있으니 말이야."

"그런 농담하지 마세요. 우린 어떻게든 보트를 구할 수 있을 거예요."

농담으로 하는 말이라면 재미있겠지만, 현실로 닥치면 그렇게 쉬운 일만은 아닐 거야.

또 다른 논쟁거리는 독일군이 철수한 후에 우리가 어떻게

안네의 일기

대처하느냐의 문제야.

"당연히 집으로 돌아가야지요. 변장을 하고 말이에요."

"안 돼. 끝까지 밖으로 나가선 안 돼. 독일군들은 아마 네
덜란드 국민 전체를 독일 본토로 몰고 가려고 할 테니까.
자칫하면 내몰려서 죽을 수도 있어."

"그래, 이 곳이 제일 안전한 곳이야. 사무실 가족들도 이
곳으로 불러서 여기서 버티는 거야. 그러려면 식료품을 더
구해 놓아야 할지도 몰라."

그러고는 무엇은 얼마나 남았고, 무엇이 더
있어야 한다는 등 한동안 식료품 이야기로 시
끄러워지지.

어쨌든 아침부터 밤까지 모든 화제는 연합군의 상륙 작전
과 관련된 것이야. 이 곳 남자들과 얀이 나눈 대화를 일부 소
개할게.

은신처 사람(이하 S. A) : 우리는 독일군이 철수하면서
네덜란드 인을 독일 본토로 데려갈까 봐 걱정이라네.

얀 : 그건 불가능해요. 그 많은 사람들을 운송할 기차가
절대적으로 부족하니까요.

S. A : 기차라고? 그놈들이 우리를 기차에 태워 갈 거라고
생각해? 꿈도 야무지군. 그냥 걸어가게 할 거야.

얀 : 설마 그렇게 할까요? 너무 비관적인 생각 아닌가요?

1944년의 일기

일반인들을 모두 데려가서 뭐에 쓰겠어요?

S. A : 괴벨스(독일 나치스 정권의 장관으로, 히틀러에
충성하여 조직적으로 유대 인 박해를 실행함)가 그렇게
말했잖아. 만약 철수할 때가 와도 모든 점령국의 문을
자기들 손으로 닫고 갈 작정이라고. 놈들은 만약 전쟁에서
지게 되면 우리들까지 제 놈들과 똑같은 운명에 빠뜨리고 말
거야. 인간적인 면이라고는 눈곱만큼도 없는 놈들이니까.

이런 식의 대화야. 나는 그들이 무슨 말을 하든 그냥 입을
다물고 있어. 내가 사라진다 해도 지구는 돌 것이고 세상은
여전히 굴러갈 테니까 말이야.

1944년 2월 12일 토요일

키티에게.

햇빛이 찬란한 날이야. 하늘이 맑고 바람도 상쾌해.

내 마음 속에는 그리움이 가득해. 누군가와 이야기를 하고
싶고, 자유가 그립고, 친구가 그립고, 혼자만의 시간이 필요
해. 무엇보다도 마음껏 울어 보고 싶어. 하지만 마음뿐이야.

나는 내 가슴 속에서 무언가 꿈틀거리는 걸 느낀단다. 마음
이 안정이 안 돼서 아무것도 할 수가 없어. 글을 쓰는 것도
읽을거리도 손에 잡히지 않아. 단지 내가 무언가를 절실하게

그리워하고 있다는 것만 알고 있을 뿐이야.

　그럼 안녕! 안네가.

　일요일 밤에 나와 아빠를 제외하고 모두가 라디오 주위에 앉아 있었어. 〈독일 거장들의 불멸의 음악〉이라는 프로그램이었는데, 뒤셀 씨가 자꾸만 라디오 다이얼을 만졌어.

　"다이얼 좀 그만 돌려요!"

　30분쯤 참고 있던 페터가 다른 사람들의 마음을 대변하듯 짜증을 내면서 말했어.

　"잘 들리게 하려는 거야."

　뒤셀 씨가 거만하게 대답하자 페터는 더 화를 냈고, 나중에는 판 단 아저씨까지 끼여들었기 때문에 뒤셀 씨는 금세 기가 꺾였어.

　그런데 페터는 그게 마음에 걸렸나 봐. 내가 다락방에서 책장을 살펴보고 있는데 올라와서는 그 일에 대해 시시콜콜 늘어놓았어.

　"내가 말주변이 없다는 건 잘 알 거야. 말이 막히면 얼굴이 쉽게 붉어져서 그만 입을 다물고 말게 돼. 전에는 수틀리면 주먹이 먼저 나가는 나쁜 버릇이 있었어. 그렇게 해서 해결되는 일이 없다는 걸 알면서도 말이야. 그런 점에서 너는 참 놀라워. 수줍어하지도 않고 하고 싶은 말을 조리 있게 하니까 말이야."

"아니야, 나도 늘 엉뚱한 말을 하고는 낭황하는걸. 게다가 말이 너무 많은 결점도 있어."

"그래도 넌 우물쭈물하지는 않잖아. 얼굴이 빨개지지도 않고."

그 말에 나는 웃고 말았어. 나는 바닥에 놓여 있는 쿠션에 앉아서 무릎을 껴안은 채 페터의 얼굴을 바라보았어. 이 집 안에 나처럼 화를 잘 내는 사람이 또 있다고 생각하니 마음이 편했어. 어쩐지 동질감 같은 게 느껴져서 기분이 좋았단다.

1944년 2월 16일 수요일

오늘은 한두 가지 시덥잖은 일 외에는 페터와 이야기를 나눌 기회가 없었어. 너무 추워서 다락방에도 갈 수 없었어. 마침 오늘은 마르고 언니의 생일인데, 정오쯤에 페터가 언니의 생일 선물을 보러 왔다가 웬일인지 좀 오래 머무르다가 갔어. 전에 없던 일이지.

오후에 나는 언니에게 특별히 커피를 대접하고는 감자를 가지러 갔어. 페터의 방을 지나서 계단을 올라가려니까, 그 애가 계단에 있던 노트 따위를 얼른 치워 주면서 말했어.

"내려올 때 노크하면 내가 문을 열어 줄게."

나는 다락방에서 10분 정도 알이 작고 고른 감자를 골라서 내려왔어. 노크하지 않았는데도 페터가 계단 밑에까지 와서 감자 냄비를 받아 주었어. 아주 따뜻한 눈빛이어서 기분이 이상했어. 지금도 그 눈빛을 생각하면 가슴이 뜨거워진단다.

저녁때 엄마가 감자가 필요하다고 해서 나는 다시 다락방으로 갔어. 페터에게 또 방해를 하게 되어서 미안하다고 말했는데, 그가 내 팔을 꽉 잡고 말했어.

"내가 갈게. 위에 볼일도 있고 해서 말이야."

내가 괜찮다고 했더니 팔을 놓아 주었어. 이번에도 일부러 계단까지 올라와서 문을 열어 주고 냄비를 받아 주었단다.

그 애가 불어를 공부하고 있다고 해서 나는 손을 씻고 다시 가서 그 애와 마주 앉았어. 불어를 조금 가르쳐 준 후에 우리는 이런저런 이야기를 나눴어. 그 애는 훗날 인도네시아에 가서 농장을 하고 싶다는 이야기를 했는데, 느닷없이 요즘 자기는 너무 하찮은 인간이라는 생각이 든다고 말하는 거야. 나는 그건 열등감 때문이라고 말해 주었단다. 그 애가 일단 전쟁이 끝나면 누가 유대 인인지 모르게 될 거라는 말을 했을 때에는 지금의 현실이 너무도 가슴 아프게 느껴졌어.

밤에도 우리는 잠깐 이야기를 나눴어. 그의 방에는 영화 배우 사진 한 장이 오래 전부터 걸려 있는데, 전에 내가 그 애에게 준 거야. 그 애는 그게 너무 마음에 든다며 말했어.

"날마다 보니까 이젠 친구가 된 것 같아."

안네의 일기

나는 문득 그 애가 왜 날마다 고양이를 끌어안고 있는지 알 것 같았어. 애정을 쏟을 대상이 필요했던 거겠지.

페터는 확실히 열등감이 커. 자기는 머리가 나쁘고 다른 사람들은 모두 머리가 좋다고 생각하는 것 같아. 불어를 가르쳐 주면 몇 번씩이나 고맙다는 말을 해.

언젠가 이렇게 말해 줄 작정이야.

"그만 해. 너는 영어와 지리를 나보다 잘 하잖아."

그럼 안녕! 안네가.

1944년 2월 18일 금요일

키티에게.

요즘은 위층에 갈 때마다 '그'를 만날 수 있기를 바라게 돼. 게다가 난 지금 인생의 목표가 생겨서 전보다 훨씬 즐거워졌어.

적어도 내 즐거움의 대상이 늘 내 가까이에 있고, 마르고 언니를 제외하고는 경쟁 상대도  없는걸. 사랑에 빠진 건 아니야. 다만 페터와 나 사이에 이전에는 없었던 서로 간의 신뢰와 훌륭한 우정이 싹트고 있다는 것 정도는 느낄 수 있어. 그렇기에 자꾸만 위층에 올라가고 싶은 거야.

요즘 그 애는 말을 할 때 예전처럼 머뭇거리지 않아.

엄마는 뭔가 찜찜한 듯, 나에게 페터를 너무 자주 찾는 건 폐가 된다고 넌지시 말씀하셨어. 내가 페터의 방에 갈 때면 묘한 눈빛으로 쳐다보시고, 위층에서 내려오면 어디에 있었는지, 뭘 했는지를 꼭 확인하신단다. 나는 너무 짜증나고 엄마가 점점 더 싫어져.

1944년 2월 19일 토요일

키티에게.

다시 토요일이야. 평온한 낮 시간에 나는 4층에서 미트볼 만드는 걸 도왔는데, 페터와는 몇 마디 말도 못 나눴어.

2시가 지나자 다른 사람들도 각자 쉬기 위해 자기들 방으로 가고, 나는 2층의 책상 앞에서 공부를 시작했어. 그런데 한참 후에 무언가 견딜 수 없는 기분이 북받쳐서 엎드려 한참을 울었어. 좀 비참한 기분이야.

5시쯤 판 단 아줌마를 도와 주려고 4층으로 올라가는데, 또 갑자기 눈물이 쏟아져서 급하게 3층으로 내려와 버렸어. 화장실에서 한동안 멍청히 앉아 있었어.

이런 생각이 머릿속에 떠올랐어.

'이렇게 해서는 페터의 마음을 잡을 수 없어. 그 애는 이야기 상대를 원하지 않는 건지도 몰라. 만일 그렇다면 나는

138

안네의 일기

우정도 잃고 모든 희망과 즐거움도 잃는 거야. 그의 어깨에 기대어 이렇게 안타까운 마음을 위로받을 수 있다면……. 하지만 그는 나를 좋아하는 게 아닐지도 몰라. 나를 바라보는 그의 눈빛이 특별하다고 느낀 건 나만의 착각일지도 모르지.'

오, 페터! 네가 늘 내 모습을 바라보기를! 내 마음을 볼 수 있기를!

한동안 눈물을 흘리고 나니 새 희망과 예감이 솟아나는 듯했어.

1944년 2월 23일 수요일

키티에게.

화창한 날씨야. 기분이 완전히 새로워졌어. 글 쓰는 일도 잘 진행되고 있어.

나는 아침마다 페터의 다락방에 가서 신선한 공기를 마시곤 해. 오늘 아침에 올라가니, 페터는 청소 중이었어. 그는 금방 청소를 마치고 창가에 있는 내 곁으로 왔어.

우리는 함께 푸른 하늘과 잎이 진 나무들을 바라보았어. 그는 기둥에 머리를 기댄 채 서 있었고 나는 앉아 있었는데, 창밖의 풍경이 아름다워서 아무 말도 할 수가 없었어. 그러고 있는 동안 나는 페터가 참 좋은 사람이라는 걸 느꼈어.

멀리 보이는 지붕들, 아득한 시가지의 풍경 그리고 더 먼 곳의 수평선을 바라보는 동안 이 맑은 하늘과 햇볕이 존재하는 한 우리는 불행하지 않을 거라는 생각이 들었어. 자연이 존재하는 한 어떤 비참한 환경에서라도 위안을 받을 수 있다는 것을 알았어. 머지않아 이런 행복한 기분을 누군가와 함께 나눌 수 있을지도 모르지.

 페터에게 덧붙이는 글

우리는 오랫동안 이 곳에 살면서 너무나 많은 것들을 잃어버렸어.

내 말은 표면적인 것만을 의미하는 건 아니야. 물질적인 면에서는 오히려 혜택을 받고 있는 셈이지.

나는 내면적인 것을 말하는 거야. 나도 너처럼 바깥 세상에서의 자유와 신선한 공기를 그리워해. 하지만 나는 지금 이 곳에서도 어느 정도는 우리가 심리적인 보상을 받고 있다고 믿게 되었어. 오늘 창가에서 자연의 아름다움을 경험하고 나는 꽤 행복했거든.

자연과 신으로부터 느끼는 행복이 진정한 행복이라고 생각해. 물질은 언젠가 잃어버리면 그만이거든.

우리가 두려움 없이 하늘을 바라볼 수 있는 한, 그리고 내면의 순수함을 잃지 않는 한 그것은 여전히 행복으로 남아 있을 거야.

키티에게.

하루 종일 페터에 대한 생각뿐이야. 그의 얼굴을 그리면서 잠이 들고, 그의 꿈을 꾸고, 잠에서 깨었을 때 그가 나를 바라보고 있다는 상상을 해.

우리는 겉보기보다 훨씬 강한 연대감을 서로 느끼고 있어. 그 이유는 우리가 둘 다 엄마로부터 사랑을 받지 못하기 때문이야. 페터의 엄마는 주책없고 아들의 마음을 헤아릴 줄 몰라. 그리고 우리 엄마는 나에게 신경도 안 쓰고 배려할 줄 모르거든.

우리 두 사람은 끊임없이 자기 감정과 싸워 왔어. 감수성이 예민한 때인 만큼 우리는 하찮은 존재로 취급되면 참을 수가 없거든. 그런 상황에 부닥치면 나는 화를 내고 소란을 피우다가 결국 따돌림을 당하곤 했어. 그런데 페터는 자기만의 세계로 들어가는 걸로 회피해 버리곤 했대.

그런데 언제쯤 되어야 우리의 마음이 서로 통하게 될까? 내 이성이 언제까지 나의 솔직한 감정들을 억누를 수 있을지 나도 모르겠어.

그럼 안녕! 안네가.

1944년 3월 1일 수요일

키티에게.

도둑 이야기는 이제 정말 진절머리가 나. 하지만 이번에 집에 든 도둑 이야기는 좀 심각해.

어젯밤 7시 반쯤, 판 단 아저씨가 퀴흘레르 씨 방에 가다가 유리문과 복도의 양쪽 문이 열린 것을 보았대. 깜짝 놀라서 살펴보니 사무실 안이 엉망으로 흩어져 있었대.

도둑이 들었다는 생각이 들어 1층으로 내려가 정면 입구를 살펴보았지만 자물쇠는 그대로 잠겨 있었다는 거야. 그래서 좀 이상하기는 했지만, 판 단 아저씨는 크게 신경 쓰지 않고 올라왔대.

그런데 오늘 아침 일찍 페터가 와서 불길한 소식을 전했어. 정면 입구의 문이 열려 있고, 라커 룸의 영사기가 없어지고 퀴흘레르 씨의 서류 가방도 사라졌다는 거야. 그러자 판 단 아저씨는 어젯밤에 본 것을 모두에게 알렸어.

자물쇠에 이상이 없다는 건 도둑이 건물의 열쇠를 가지고 있다는 거지. 열쇠를 가진 사람은 누구일까? 창고를 뒤지지 않은 걸로 보아 창고를 지키는 사람 중의 하나는 아닐까? 어쩌면 판 단 아저씨가 아래층을 살펴볼 때 도둑은 건물 안 어딘가에 숨어 있었을지도 몰라. 그렇다면 판 단 아저씨의 모습을 보았을 수도 있고, 당국에 신고를 할 수도 있을 거야.

우리는 모두 겁에 질려 있단다.

키티에게.

오늘은 언니와 함께 다락방에 갔었어. 함께 이야기하는 동안 그다지 즐겁지는 않았지만, 언니도 대부분의 일에 대해 나와 같은 생각을 갖고 있다는 걸 알게 되었어.

설거지를 하고 있을 때, 베프가 와서 엄마와 판 단 아줌마에게 요즘 괴로운 일이 많아서 자주 우울해진다고 하소연했어. 그런데 엄마들은 정말 사람을 위로할 줄 모르는 것 같아. 겨우 한다는 말이, 요즘은 모두가 괴로우니까 그런 사람들을 생각하며 참으라는 거였어. 하지만 내가 뭔가 위로의 말을 하려고 하면 아이들은 끼여드는 게 아니라고 밀쳐 내시니, 원!

다른 사람을 침묵하게 할 수는 있을지 몰라도, 의견을 갖는 것까지도 막을 수는 없잖아. 아무리 어린애라고 해도 자기 의견은 있는 거니까. 이 곳의 '잘난 척쟁이 아줌마'들은 조금도 우리의 기분을 이해하지 못한단다. 우리가 고리타분한 어른들보다 훨씬 진보된 생각을 가졌다는 걸 모르기 때문이지.

엄마는 또 불평 중이야. 요즘 내가 엄마보다 판 단 아줌마와 자주 이야기를 하니까 질투를 하고 있는 거야.

오늘 오후에 페터와 45분쯤 이야기를 나누었어. 페터는 그 동안 자기 자신에 대해서는 거의 말하지 않았는데, 요즘은 마음을 조금 여는 것 같아. 그의 부모가 정치 이야기, 담배 이야기로 줄곧 싸운다는 이야기를 하면서 몹시 수줍어했어.

나는 우리 부모님에 대한 불평을 늘어놓았어. 그런데 페터는 우리 아빠를 감싸면서 '최고로 멋진 분'이라고 했단다. 또한 우리는 '위층'과 '아래층'에서 일어난 일들에 관해 이야기를 나누었는데, 페터는 우리가 그의 부모님을 좋아하지 않는다는 것에 대해 많이 놀라는 눈치였어.

"페터, 나는 늘 정직하다는 거 알지? 그래서 너의 부모님의 결점도 솔직하게 말하는 거야."

나는 덧붙여 말했어.

"난 너를 돕고 싶어. 네가 누구에게 말도 못 하는 곤란한 입장일 때 말이야. 괜찮겠니?"

"물론 대환영이야."

"그래서 말인데, 우리 아빠랑 상담해 볼래? 네게 뭔가 좋은 말을 해 주실 거야."

"그럼, 너의 아빠는 진실한 분이시지."

"우리 아빠를 좋아하지?"

그가 그렇다고 해서, 내가 다시 말했어.

"아빠도 너를 좋아하셔."

페터는 별안간 얼굴이 붉어졌어. 그런 말에 너무도 기뻐하

안네의 일기

는 걸 보고 나는 가슴이 뭉클했단다.

"정말 그렇게 생각하셔?"

"그럼, 네가 만나 보면 알 거야."

페터는 정말 좋은 사람이야. 우리 아빠만큼이나!

그럼 안녕! 안네가.

1944년 3월 3일 금요일

키티에게.

촛불을 가만히 바라보고 있으니까 평온하고 행복해졌어. 이럴 때 생각나는 사람이 할머니야. 늘 나를 포근하게 감싸 주시던 할머니⋯⋯. 그리고 또 한 사람은 바로 페터야.

낮에 페터와 한 시간이나 이야기를 했어. 우리는 책에 관한 이야기를 했는데, 그의 눈빛이 전에 없이 따뜻해 보였어. 아무래도 나는 그를 사랑하기 시작했나 봐.

오늘 밤에는 사랑에 관한 이야기를 했어. 그의 방에 갔다가 너무 덥기에 내가 말했어.

"난 더우면 얼굴이 빨개지고 추우면 파래지니까 기온을 알고 싶으면 내 얼굴을 봐."

그러자 그가 물었어.

"사랑 때문에 더운 걸까?"

"뭐라고? 내가 무슨 사랑을 해?"

참 바보 같은 대답이었지.

"사랑을 하면 왜 안 되는데?"

페터가 말했어.

아무튼 우린 이제 조금씩 서로를 이해하는 것 같아. 그가 나에게 의미 있는 눈짓을 할 때면 나도 윙크로 대답하곤 해. 그럴 때면 행복해지는 것 같아.

그럼 안녕! 안네가.

1944년 3월 4일 토요일

키티에게.

페터 덕분에 몇 달 만에 처음으로 우울하지도 지루하지도 않은 토요일을 맞았어.

아침에는 다락방에서 아빠와 셋이서 이야기를 나눴어. 아빠가 좋아하시는 디킨스의 시 한 구절을 읽어 주셔서 아주 행복했단다.

11시 반쯤 다시 다락방에 갔는데, 페터는 계단에서 나를 기다리고 있었어. 우리는 두 시간 가까이 이야기를 나눴어. 그는 이제 아무도 없을 때면 "안네, 이따 봐!"라고 말하곤 해. 너무나 기쁜 일이지. 그의 가슴에도 나처럼 사랑이 싹트고 있는 걸까?

우리가 자주 만나는 걸 늘 그러려니 하시던 판 단 아줌마가

안네의 일기

오늘은 슬쩍 놀리듯 말했어.

"너희 둘만 다락방에 있는 거 안심해도 되겠니?"

나는 항의하듯 말했어.

"물론이에요. 지금 그 말은 저를 모욕하시는 거예요."

나는 요즘 아침부터 밤까지 페터를 만나는 시간만 기다리고 있어.

그럼 안녕! 안네가.

1944년 3월 7일 화요일

키티에게.

2년 전인 1942년을 떠올리면, 그 당시의 나는 마치 천국에 살고 있었던 듯한 기분이야. 지금 이렇게 갇혀 지내는 동안 나는 그 때와는 너무 달라졌어.

그 당시에는 친구가 넘쳐났어. 스무 명도 넘었을 거야. 학교에서도 집에서도 귀염을 많이 받았지. 간식도 용돈도 풍족했고 말이야. 모두 나를 왜 그렇게 귀여워했는지 궁금하지?

난 재치 넘치는 영리한 아이였어. 공부도 열심히 했고, 정직하며 당당했지. 잘난 체하지도 않았어. 학교에서는 늘 재미있는 말과 새로운 놀이를 생각해 내는 아이였어. 좀 말괄량이였지만 명랑한 소녀였지. 페터가 당시의 나를 보았다면 이렇게 말했을 거야.

"넌 늘 여러 명의 남자 아이들과 여자 친구들에게 둘러싸여서 웃고 있구나."

지금 내게는 그런 모습이 얼마나 남아 있을까? 물론 아직 걱정할 정도는 아니야. 나는 지금도 잘 웃고 재치 있는 농담도 잘 해. 문제는 그게 아니라 1주일쯤, 아니 단 하루라도 평온하고 즐거웠던 생활로 돌아가고 싶다는 거지.

막상 그렇게 즐거웠던 때에는 행복하다고 느끼지 못했던 것 같아. 그런데 지금에 와서 진지하게 돌이켜보니, 좋은 시절을 영원히 잃었다는 생각이 드는 거야.

하긴 작년에는 지금보다 훨씬 불평이 심했어. 그래서 여러 사람들에게서 비난을 받는 아이였고. 하지만 이제 나도 10대의 중반에 접어들었고, 조금은 어른이 된 거야.

그리고 올해는 이성 친구에 대한 그리움을 알게 되었어. 나는 지금 오로지 페터만을 마음에 담고 있단다.

"이 세상에 착한 것, 선한 것, 사랑스러운 것을 주셔서 감사합니다."

나는 밤이면 평화로운 마음으로 이렇게 기도하곤 해.

난 요즘 페터에 대한 내 사랑(아직은 그렇게 부르는 것이 주저되기는 하지만 말이야.)에 대해서도 생각해. 또 이 세상을 의미 있게 하는 사랑, 미래, 행복에 대해서도 생각한단다. 어떠한 불행 속에서도 아름다움을 찾으려는 의지만 있다면 그만큼의 행복도 찾을 수 있다고 믿어. 그리고 행복한 사람들은 늘 다른 사람들까지 행복하게 만드는 거야.

그럼 안녕! 안네가.

키티에게.

아무래도 오늘 우리가 무엇을 먹었는지 이야기해야겠어. 나는 지금 향수를 뿌린 손수건으로 코를 막고 있단다. 무슨 영문인지 궁금하지?

우리는 식량을 다섯 명분밖에 배급 받지 못했어. 우리에게 배급표를 구해 주던 사람이 연행되었기 때문이야. 표를 받지 못해서 버터도 살 수가 없었어. 게다가 아래층 사람들은 바쁘고 병에 걸려서 시장을 보아다 줄 사람도 없어.

아침에도 빵 대신 감자를 먹었는데, 이젠 거의 떨어져 가고 있어. 감자마저 없어지면 먹을 건 오트밀뿐이야. 판 단 아줌마는 이대로 가다가는 굶어 죽게 될 거라며 걱정하서.

어찌어찌해서 지방이 든 우유를 살 수 있었어. 그리고 오늘 저녁에는 양배추와 고기를 넣은 요리를 만들었어. 그런데 2년 이상 지난 양배추가 온전할 리 없지. 예상대로 엄청난 악취가 났어. 우리는 손수건으로 코를 막고 그것을 먹었단다. 지금도 집 안에 냄새가 진동하고 있어.

전쟁은 4년째 계속되고 있어. 사람들은 이제 걸핏하면 화를 내면서 불평을 늘어놓곤 해.

판 단 아줌마 : 요리하는 일이 조금도 즐겁지가 않아. 기름이 없으니 제대로 된 요리를 할 수가 있어야지. 냄새는 또 얼마나 메스껍고. 어쨌거나 정성껏 요리를 해도 돌아오는 건 불평과 불만뿐이잖아. 전쟁을 이렇게 질질 끌다간 독일군이 이기고 말 거야. 또 이대로 가다간 우린 굶어 죽고 말 거야.

판 단 아저씨 : 담배가 필요해. 난 담배만 있으면 다른 건 참을 수 있어. 이건 도저히 사람 사는 모습이라고 할 수가 없어. 이런 분위기에선 큰 싸움이 나기 십상이지.

엄마 : 먹는 건 중요하지 않다고 생각하지만, 그래도 호밀 빵이라도 먹을 수 있으면 좋겠어. 나라면 판 단 씨에게 진작 담배를 끊도록 했을 거야. 담배 냄새 때문에 너무 어지러워. 그래도 전쟁 상황이 점차 좋아지고 있다니 희망을 가져야지.

아빠 : 문제될 것 없어. 여유를 가져야 해. 감자라도 먹을 수 있으니 다행이야. 내 몫은 베프에게 줘.

뒤셀 씨 : 전세는 우리에게 유리해. 우리는 절대로 잡히지 않을 거야.

그럼 안녕! 안네가.

1944년 3월 15일 수요일

암을 앓고 있는 퀴홀레르 씨가 엿새 동안 참호(산이나 들에서 전쟁을 벌일 때, 몸을 숨기면서 적과 싸우기 위해 판 구덩이)를 파는 일에 징집되었대. 베프는 감기에 걸려서 내일은 회사에 나올 수 없다고 하고, 미프도 독감에 걸렸어. 클레이만 씨는 위가 아파서 정신을 잃을 정도라는군.

이 모든 게 우리에게는 고통일 뿐이야. 무엇보다도 퀴홀레르 씨가 의사의 진단서를 제출해서 참호를 파는 일에서 면제받도록 해야 해.

오후에는 얀이 들러서 이런저런 세상 이야기를 들려 주었어. 얀 주위에 모인 우리 여덟 명의 모습은 마치 그림책 속에서 본 할머니의 옛날 이야기를 듣는 손자들의 모습과 같았단다. 모두들 눈을 반짝이며 얀의 이야기를 들었어.

그는 미프의 주치의에 대해서 이런 말을 했어.

"요즘은 의사들이 전화기를 통해 진료를 한대요. 전화기에 대고, '혀를 내밀고 소리를 내보세요. 아, 목에 염증이 생겼군요. 처방전을 드리지요. 조심하세요.' 이런다는 거예요. 참 편리한 진료지요. 하지만 누가 의사를 비난할 수 있겠어요? 환자는 밀려들고 의사는 부족하니 그런 일이 생겨나는 거지요."

우리는 전화 진료 이야기를 듣고 웃지 않을 수가 없었단다.

키티에게.

비로소 안도의 한숨을 쉬게 되었어. 베프의 감기도 나았고, 퀴홀레르 씨도 참호 파는 일을 면제받았거든.

요즘 언니와 나는 아빠, 엄마의 과잉 보호에 질리고 있단다. 이제는 우리도 스스로의 일은 웬만큼 결정할 나이가 되었는데 말이야. 아직도 엄마는 내가 4층에 올라갈 때마다 왜 올라가느냐고 번번이 묻고, 밤 9시가 가까워지면 잠을 잘 시간이라고 이르시면서 읽고 있는 책을 검사한단다. 물론 엄마가 금지한다고 해서 못 읽은 책은 없지만 말이야.

언니도 짜증난다는 얼굴로 이렇게 말했어.

"한숨을 쉬거나 머리에 손만 얹어도 아프냐, 기분이 나쁘냐 따져 물으시니 질색이야."

지금 우리 가족의 두터운 애정과 신뢰가 깨진 것은 순전히 부모님이 우리를 어린애 취급하는 데에 그 원인이 있어. 이제 열네 살이지만 나도 옳고 그름은 판단할 수 있어. 내 나름대로의 원칙과 꿈도 있어. 나도 독립된 인간으로서 누구에게 얽매이고 싶지 않단 말이야.

그런 점에서 나는 엄마를 존경할 수가 없어. 누군가를 사랑하려면 존경하고 이해할 줄 아는 마음이 있어야 하는데 말이야. 하지만 페터에게는 그런 마음이 든단다. 페터는 너무나 멋지고 아름다운 사람이야.

키티에게.

페터가 내게 언제든 밤에 이야기하러 오면 환영이라고 말했어. 방이 좁기는 하지만 두 사람이 있기에는 충분하다면서 말이야. 나는 우리 부모님 눈치가 보여서 날마다 갈 수는 없을 거라고 말했어.

그런데 조금 걱정되는 일이 있단다. 확실치는 않지만 마르고 언니도 페터를 좋아하는 것 같다는 거야. 우리 둘이 함께 있는 걸 보면 언니가 우울해할 것 같아. 틀림없이 상처받을 거야.

언니는 별로 티를 안 내는 성격이야. 나라면 미칠 것 같았을 텐데, 언니는 신경 쓰지 말라고 했단다.

"나라면 혼자 따돌림당하는 것 같아서 속상할 것 같아."

내 말에 언니는 어딘지 좀 씁쓸하게 웃으며 말했어.

"괜찮아. 난 습관이 돼서 말이야."

아직은 이 일을 페터에게 말하지 않을 생각이야.

어젯밤에 엄마한테 좀 혼났어. 내가 엄마에게 너무 건방지게 대했으니 혼나도 싸. 어쨌든 엄마에게 좀 다정하게 굴려고 노력할 거야.

요즘은 아빠도 좀 달라지셨어. 이제는 나를 어린애 취급 안 하려고 애쓰시는데, 그게 더 멀게 느껴진단다.

오늘은 이만 써야겠어. 내 마음 속에는 오로지 페터 생각밖에 없단다.

　참, 오늘 마르고 언니가 좋은 사람이라는 걸 증명하는 편지
를 받았어.

안네에게.

어제 내가 너를 질투하지 않는다고 한 말의 반은
사실이야. 너희들을 질투하는 게 아니라 다만 내
감정과 생각을 함께 나눌 친구를 찾을 수 없다는 것,
그리고 앞으로도 한동안은 찾을 수 없을 거라는
사실이 좀 슬플 뿐이야. 하지만 보통 사람들이 흔히
할 수 있는 일도 여기서는 할 수 없는 상황이니까
불평하지 않으려고 해.

어쨌든 페터와는 결코 그런 친구가 될 수 없다는 걸
잘 알아. 페터는 내가 뭔가를 의논하고 싶은 마음이
드는 사람은 아니라는 거야. 내가 원하는 사람은
모든 걸 일일이 이야기하지 않아도 내 기분을 알아
줄 수 있는 그런 사람인데, 결국 나보다 훨씬 지적인
사람이어야 한다는 거지. 그런 점에서 페터는 상대가
아니라고 봐. 하지만 너랑은 잘 어울리는 것 같아.
적어도 나는 네가 나에게서 무언가를 가로챘다고
생각하지는 않으니까 자책할 건 없어. 너와 페터는
우정을 통해 발전하게 될 거야.

나의 답장은 이렇단다.

사랑하는 마르고 언니에게,
언니의 편지는 더없이 다정했어. 하지만 편지를 읽은
후에도 여전히 마음이 가볍지는 않아. 글쎄, 앞으로도
그럴 것 같아.
현재 페터와 나는 언니의 짐작만큼 그렇게 모든 걸
신뢰하고 털어놓는 사이는 아니야. 단지 어둑한 창가에
서서 이야기를 나누면 환한 낮 시간보다는 말이 잘
통하는 것 같아.
나는 페터에 대한 언니의 마음이 누나와 같은 친근함일
거라고 생각해. 언니는 앞으로도 페터에게 도움을 주고
싶을 테니 그런 마음은 여전히 계속될 거고……,
아빠에게는 모든 걸 다 이야기할 수가 없어. 앞으로도
언니가 뭔가 할 말이 있으면 이렇게 편지를 써 줘. 나
역시 편지를 통해서는 내 마음을 더 잘 표현할 수 있을
것 같아.
언니는 잘 모르겠지만, 나는 언니를 정말 자랑스럽게
생각해. 언니와 아빠의 좋은 점을 조금이라도 닮고 싶어.

키티에게.

마르고 언니가 오늘 밤에 또 편지를 주었어.

> 사랑하는 안네에게.
> 어제 너의 편지를 읽고 네가 페터에게 갈 때마다
> 양심의 가책을 느끼는 것은 아닐까 걱정되었어.
> 하지만 정말로 그럴 것 없어. 나도 마음 속으로
> 누군가를 신뢰하고 친하게 지내고 싶은 마음이
> 있지만 페터는 그 상대가 아니야.
> 지금까지는 아니었지만, 앞으로 네 말처럼 페터에게
> 남동생과 같은 친밀감이 생길 수도 있겠지. 어쨌든
> 나를 의식할 필요는 없어. 너는 네가 발견한 우정을
> 최대한 즐기도록 하렴.

　키티, 나는 이 '비밀 별장'에서 어쩌면 진짜 사랑을 하게 될지도 모른다고 생각해. 하지만 페터와 결혼할 생각은 아니니까 안심해. 그가 어떤 어른이 될지도 모르고, 또 우리가 결혼할 만큼 충분히 사랑하게 될지는 모르는 일이니까. 페터도 나를 사랑하고 있는 건 확실하지만, 앞으로 어찌 될지는 나 자신도 모르거든.

그는 정말 멋진 사람이야. 웃는 얼굴이며, 그냥 무언가를 응시할 때도 너무 멋있어. 그리고 선량하고 마음이 넓어. 페터도 내가 겉보기와는 달리 그렇게 대책 없는 수다쟁이가 아니라 자기처럼 많은 고민을 안고 있는 소녀라는 걸 알고 몹시 놀랐을 거라 생각해.

마르고 언니에게 보낸 답장이야.

사랑하는 언니에게,
지금은 우리가 어떻게 될지 그냥 바라보면서 기다려 줘.
머지않아 페터와 나 사이가 계속 진행되거나 아니면 좀
달라지거나 어느 쪽이든 명쾌해질 거라고 생각해.
지금은 어떻게 될지 나도 모르겠어.
하지만 만약 내가 페터와 계속 좋은 사이로 발전한다면,
페터에게 말할 거야. 언니도 너를 좋게 생각하고 도와
주고 싶어한다는걸. 페터도 언니를 싫어하지는 않을
거야. 아니, 오히려 언니가 친구가 되어 준다면 우린
언제든 환영이야.

1944년 3월 24일 금요일
키티에게.

158

안네의 일기

우리에게 암거래 배급표를 구해 주던 사람은 다행히 석방되었어.

판 단 아저씨와 뒤셀 씨는 내가 페터의 방으로 사라질 때면 은근히 눈치를 주셔. 그분들은 그 곳을 '안네의 별장'이라고 부르면서 가끔은 "젊은 남자가 어둠침침한 방에 젊은 여자애를 들이는 게 온당한 일일까?"라고 하시는 거야.

그러면 페터는 그런 비아냥거리는 듯한 농담에 놀라울 정도로 재치 있는 대답을 하곤 해.

문제는 우리 엄마 역시 그에 대해서 신경을 쓰신다는 거야. 우리가 무시하는 태도를 보이지 않았다면 엄마는 그 방에서 무슨 이야기를 나누는지 일일이 캐내려고 했을 거야.

페터는 그에 대해 '어른들의 일종의 질투'라고 했어. 왜냐하면 우리가 젊고, 어른들의 짓궂은 농담에도 개의치 않기 때문인 거라고.

가끔 그는 3층까지 나를 마중하러 오기도 하는데, 그럴 때나는 얼굴이 금세 붉어지곤 해.

한 가지 마음에 걸리는 건, 우리가 위층에 있을 때 언니는 아래층에 혼자 쓸쓸히 있어야 한다는 거야. 하지만 어쩔 수 없는 일이야. 언니가 올라와도 좋겠지만 분위기가 어색해지면 곤란하잖아.

페터와 내가 갑자기 가까워진 것에 대해 여기저기서 신경을 쓰고 있단다. 우리는 부모님들의 은근한

조롱이나 눈총을 모르는 체 무시하고 있어. 양쪽 부모님들은 당신들이 젊었을 때의 일은 모두 잊었나 봐. 부모님들은 우리가 농담을 하면 진지하게 받아들이려 하고, 우리가 진지한 이야기를 하면 웃어 넘기려 들지.

1944년 3월 27일 월요일

키티에게.

이 곳에서의 가장 큰 관심은 무엇보다도 정치 이야기야. 나는 별로 관심이 없지만, 오늘은 정치에 관한 이야기를 쓰려고 해.

우리와 같은 상황에서 정치는 예민한 관심사지만 그 관점은 사람에 따라 다를 수 있어. 하지만 그 때문에 언쟁을 벌이는 건 어리석은 짓이지 뭐야. 의견을 주장할 수는 있지만 싸움을 하는 건 기분 나쁜 일이지.

밖에서 들려 오는 소식 중에는 근거 없는 내용도 많아. 그래서 전해 주는 사람들도 갈팡질팡하는 편이야.

여기 사는 사람들은 낙관론자든 비관론자든 모두 자기 의견이 옳다고 주장한단다. 그리고 다른 사람들의 의견에 대해서는 화를 내지. 놀라운 건 사람들이 지칠 줄 모르고 그런 논쟁을 반복한다는 거야.

특히 이 곳 사람들은 라디오 뉴스에 의존하는

데, 거의 가능한 모든 시간에 라디오를 들으려고 해. 식사와 자는 시간을 제외하고는 으레 라디오 주위에 둘러앉아서 음식 아니면 정치 이야기를 하지. 정말 따분한 일이야. 다른 곳에서도 어른들에게 정치적인 뉴스가 이토록 중요할까?

하지만 우리가 존경하는 윈스턴 처칠의 연설은 정말 들을 가치가 있다고 생각해.

그럼 안녕! 안네가.

1944년 3월 28일 화요일

오늘은 할 이야기가 많아.

첫째, 엄마가 위층에 너무 자주 올라가지 말라고 하셨어. 그 이유는 판 단 아줌마가 시샘을 한다는 거야.

둘째, 페터가 언니에게 위층에 올라와서 우리와 함께 놀자고 했대. 그게 진심인지 아니면 예의를 차리느라고 한 말인지 모르겠어.

셋째, 아빠에게 판 단 아줌마의 질투에 대해 내가 어떻게 해야 하느냐고 여쭤 보았더니 아빠는 마음 쓰지 않아도 된다고 하셨어.

그런데 엄마 역시 좀 질투를 하는 것 같아. 반대로 아빠는 우리가 함께 있는 걸 싫어하시지 않아. 오히려 그렇게 잘 지내는 게 좋은 일이라고 하셨어. 마르고 언니도 페터를 좋게 생각하지만, 두 사람이 친구가 될 수는 있어도 셋은 어울리지 않는다고 생각하는 것 같아.

엄마는 페터가 나를 사랑한다고 생각하고 있어. 솔직하게 말하면 그건 내가 바라는 바야. 그러면 우리는 동등한 상태에서 서로를 알아 갈 수 있을 테니까. 엄마는 페터가 나를 자꾸 쳐다본다고 하셨는데, 그건 사실일 거야. 하지만 그가 내 보조개를 좋아하고 우리가 이따금 윙크를 나눈다 한들 누가 말릴 수 있겠어?

어제 나는 페터에게 황송한 찬사를 들었단다. 우리가 어떤 대화를 나눴는지 간단히 쓸게.

페터는 자주 내게 "안네, 웃어 봐!"라고 말하곤 해. 그래서 내가 물었어.

"왜 나에게 늘 웃으라고 하는 거야?"

"네가 웃는 게 좋으니까. 웃을 때 생기는 보조개가 예뻐. 그 보조개는 왜 생기는 거지?"

"태어날 때부터 보조개가 있었대. 턱에도 하나 생겨. 나의 단 하나의 매력 포인트지."

"단 하나라니, 그건 아니지."

"내 얼굴이 예쁘지 않다는 건 잘 알아. 늘 그랬고, 앞으로도 그럴 건데 뭐."

"전혀 그렇지 않아. 넌 정말 예뻐."

"거짓말 마."

"내가 예쁘다면 예쁜 거야."

그래서 나도 당연히 그를 칭찬해 주었어.

나는 페터를 포기할 수 없어. 그는 정말 사랑스러운 사람이야. 곧 우리 사이에 아름다운 사랑이 싹트게 될 거야. 다행히 나는 내 마음을 숨기는 데 익숙해서, 내가 그에게 어느 정도 빠져들었는지를 눈치채지 못하게 하고 있어.

그런데 그는 언제쯤 내게 사랑한다고 말해 줄까? 내가 꿈속에서 페터르 스히프의 뺨의 감촉을 느꼈던 것처럼 그의 뺨을 느낄 때가 올까?

그럼 안녕! 안네가.

1944년 3월 29일 수요일

키티에게.

런던에서 방송되는 네덜란드 뉴스에서는, 전쟁이 끝나면 국민들이 쓴 그 동안의 편지와 일기들을 모아서 책을 만든다는 이야기가 나왔어. 그러면 내 일기도 주목받게 될 거야. 이 은신처에서 일어난 여러 가지 일들이 책으로 만들어진다는 건 상상만으로도 흥미로워.

하지만 사실상 전쟁이 끝나고 10년쯤 후에는 우리 유대 인들이 어디에서 무얼 먹고 살았는지, 무슨 이야기들을 했는지 따위는 단지 우스운 이야기에 불과하겠지.

내가 키티에게 많은 이야기를 했지만, 사실 그건 우리 삶의 아주 작은 부분일 뿐이야.

공습이 있을 때면 여자들이 얼마나 두려움에 떠는지 짐작이나 가니? 지난 일요일에 영국 비행기 수백 대가 수백 톤의 폭탄을 투하했을 때 그 진동이 얼마나 심했는지, 또 지금은 얼마나 끔찍한 전염병이 돌고 있는지 전혀 알 리가 없겠지. 그런 걸 일일이 열거하려면 며칠이 걸릴 거야. 채소를 좀 구하려 해도 어디서든 줄을 서야 한대. 심지어 의사는 차를 도둑맞을까 봐 왕진을 못 다닌대. 그만큼 도둑들이 설치고 있는 거야.

연합군의 상륙 작전은 언제 이루어질지 알 수 없고, 그 사이에 남자들은 계속 독일로 끌려가고 있어. 아이들은 영양 실조나 병에 걸린 채 거리를 헤매고 있고, 지나다니는 사람들도 밑창이 너덜거리는 신발을 신고 성한 옷을 입은 사람이 없어.

식량 사정이 극도로 악화되자 파업이 잦아졌어. 공무원이나 경찰들은 시민들을 몰래 도와 주는 부류와 밀고(넌지시 일러바침)하고 체포하는 부류로 나뉘어 있어. 하지만 밀고로 잡혀 가는 네덜란드 인은 얼마 안 된다니 다행이야.

그럼 안녕! 안네가.

1944년의 일기

1944년 3월 31일 금요일

키티에게.

아직 날씨가 꽤 추운데도 대부분의 사람들은 한 달 동안이나 난방을 켜지 못한 채 살고 있어.

러시아 전선은 상황이 아주 좋다고 해. 소련군이 폴란드 국경까지 진격했고, 일부는 루마니아 근처에까지 이르렀대. 우리는 밤마다 스탈린의 새로운 성명 발표를 고대하고 있어.

헝가리는 독일군이 점령하고 있어. 그 곳에 남아 있는 백만 명의 유대 인들은 지금쯤 끔찍하게 시달리고 있을 거야.

오늘은 판 단 아저씨의 생일이야. 우리 가족은 담배와 약간의 커피, 튤립 몇 송이와 딸기 파이를 선물했어. 사무실 식구들도 레몬 펀치(과일즙에 설탕, 양주 따위를 섞은 음료)와 정어리 통조림을 선물했어.

요즘은 사람들이 나와 페터에 대해서 전보다는 그리 신경을 쓰지 않는단다. 우리 두 사람은 여전히 친한 친구 사이고 생각나는 문제들을 함께 의논하곤 해.

가장 근사한 건, 좀 민망한 이야기를 할 경우에도 다른 남자들과 이야기할 때처럼 망설일 필요가 없다는 거야. 예를 들면, 피에 대한 이야기를 하다가 그와 관련해서 생리에 대한 이야기도 스스럼없이 하게 되는 거야. 그는 여자들이 그런 점에서 대단하다고 생각한대.

요즘은 여기 생활이 점점 좋아지고 있어. 하나님은 나를 홀로 두지 않으셨고, 앞으로도 그러실 거라고 믿어.

그럼 안녕! 안네가.

1944년 4월 1일 토요일

키티에게.

모든 게 여전히 지지부진해. 내 말이 무슨 뜻인지 짐작할
수 있겠니?

나는 오랫동안 그의 키스를 기다리고 있어. 어쩌면 그는 나
를 아직도 단순한 친구로만 생각하는 게 아닐까? 정말 그 이
상은 아닌 걸까?

솔직히 말하면 나는 페터르의 뺨을 느꼈던 그 꿈을 잊을 수
가 없어. 아주 멋진 꿈 말이야.

페터 역시 그런 걸 갈망하고 있지 않을까? 그는 너무 부끄
러워서 자신의 사랑을 인정할 마음이 없는 걸까? 그런데 왜
늘 나랑 함께 있고 싶어하지? 왜 아무 말도 안 하는 걸까?

지금까지는 주로 내가 페터가 있는 위층으로 올라가는 편
이었어. 물론 그건 장소의 문제이기는 했지만 말이야. 불평은
이제 그만 하고 차분히 기다리면, 그가 먼저 다가와 주리라
믿어.

그럼 안녕! 안네가.

1944년 4월 4일 화요일

키티에게.

오랫동안 내가 무슨 공부를 해야 할지 알 수가 없었어.

전쟁은 쉽사리 끝날 것 같지 않아. 이제는 전쟁이 끝난다는 게 동화 속의 이야기처럼 비현실적이라는 생각이 들어.

밤이 되자, 괜스레 슬퍼져서 어찌할 바를 몰랐어. 혼자 있으려니까 울음이 터졌어. 누군가 내가 우는 소리를 들을까 봐 걱정되었지만, 도저히 참을 수가 없어서 바닥에 웅크리고 앉아 한참을 흐느껴 울었어. 울고 나니 기분은 좀 나아졌어.

내 꿈은 기자가 되는 거야. 재능이 있는지는 모르지만, 나는 글 쓰는 걸 좋아하고 이 일기에도 좋은 표현들을 많이 썼다고 생각해. 장차 기자가 되기 위해 열심히 공부할 거야. 결과는 훗날 알 수 있겠지.

전에는 그림을 잘 그리지 못하는 게 아쉬웠는데, 그래도 글을 잘 쓸 수 있어서 다행이야. 대단한 작품은 아니더라도 글을 쓰는 건 즐거운 일이라고 생각해.

나는 계속해서 글을 쓰는 일을 할 거야. 엄마와 판 단 아줌마처럼 집안일에 매달려서 평생을 보내게 되는 삶은 생각하기도 싫어. 가족을 위한 일 외에도 자신이 몰두할 수 있는 일을 한다는 건 보람된 일이야.

나는 모든 사람들에게 위안과 기쁨을 주고 싶어. 같은 시대

168

를 살면서도 나를 알지 못하는 사람들에게까지 필요한 존재
이고 싶단다. 또 나는 죽은 후에도 영원히 기억되고 싶어. 그
런 의미에서 나는 글 쓰는 재능을 주신 하나님께 감사드린단
다. 글을 쓰는 동안에는 모든 걸 잊을 수 있거든. 그리고 새
로운 용기가 샘솟는걸.

힘을 내야지. 나는 꼭 성공할 거야. 글 쓰는 일은 나의 소망
이니까!

그럼 안녕! 안네가.

1944년 4월 11일 화요일

키티에게.

머리가 욱신거리고 있어. 어디서부터 이야기를 시작해야
할지 모르겠군.

일요일 밤 9시 반쯤이었어.

우리 가족이 있는 방에 노크 소리가 들리더니, 페터가 들어
왔어. 그는 아빠에게 좀 어려운 영어 문장이 있으니 가르쳐
달라고 청하는 거야. 나는 언니에게 말했어.

"뭔가 다른 사정이 있는 것 같아. 도둑이 들어온 게 아닐
까?"

내 예감이 맞았어. 도둑이 침입한 거야.

아빠와 판 단 아저씨는 부랴부랴 아래층으로 내려갔고, 판

단 아줌마를 포함한 우리 여자들은 두려움에 떨면서 위층에 남아 있었어. 그 때 아래층에서 쾅 하는 소리가 나는 거야. 우리는 얼굴이 창백해진 채 숨을 죽이고 있었어. 남자들이 아래층에서 도둑과 결투를 벌이는 건 아닌지 걱정되었어.

10시쯤, 아빠와 판 단 아저씨가 긴장한 얼굴로 올라와서 말했어.

"모두 전등을 끄고 4층으로 올라가 있어요. 경찰이 올지도 모르니까."

우리는 전등을 끄고 서둘러 4층으로 올라갔어.

"대체 무슨 일이에요? 자세히 이야기해 주세요."

남자들은 아무 대답 없이 다시 아래로 내려갔어. 10분쯤 후에 다시 올라오더니, 두 명은 페터의 방 창문으로 망을 보고 나머지 두 명은 층계 쪽의 문과 회전식 책장을 점검했어. 그리고 야간용 전등의 주변을 검은 천으로 덮은 뒤에야 자초지종을 이야기했어.

처음에 페터가 층계 쪽에서 무슨 소리가 나는 걸 듣고 내려가 보니 문의 왼쪽 부분이 떨어져 나갔더라는 거야. 그는 곧바로 3층으로 올라와 남자들에게 알렸고, 네 명이 창고로 가보니 도둑들이 막 물건을 훔치고 있더래. 그 순간 판 단 아저씨가 "경찰이다!"라고 소리친 거야.

도둑들은 재빨리 도망을 쳤는데, 문제는 구멍난 문이었어. 순찰을 도는 경찰이 관심을 갖지 않도록 널빤지를 대어 놓았

지만 곧 쓰러져 버렸다는 거야. 네 사람이 다시 널빤지를 대
느라고 애를 쓰고 있는데, 이번에는 때마침 그 앞을 지나가던
부부가 보고 창고 안으로 손전등을 비추더래. 그러자 누군가
가 "이런, 빌어먹을!"이라고 중얼거린 거야.

그 때부터 경찰인 체했던 네 사람은 갑자기
도둑으로 역할을 바꾸게 된 거지. 네 사람은
서둘러 창고 안을 뒤엎어 놓고, 사장실 문을 열
고 전화기를 바닥에 떨어뜨려서 진짜 도둑이
든 것처럼 꾸며 놓았대. 그런 다음 회전식 책장
을 열고 안으로 도망쳐 온 거야.

제1부는 이것으로 끝이야.

손전등으로 안을 비춰 본 부부는 경찰에 신고를 했을 거야.
그 날은 마침 부활 주일이어서 월요일까지 휴일이었어. 우
리는 화요일 아침까지 꼼짝도 할 수 없었단다. 불안에 짓눌린
채 이틀을 꼼짝 않고 지낸다는 건 얼마나 끔찍한 일인지!
그 날 밤, 11시가 될 때까지 우리는 어둠 속에서 꼼짝 않고
앉아만 있었어. 11시 15분쯤 마침내 아래층에서 발자국 소리
가 들렸어. 사장실이며 3층 계단으로 울리는 발소리에 이어
서 회전 책장이 덜컹거렸어. 심장이 멎는 줄 알았어. 모든 게
끝장이라고 생각했거든. 우리를 돕던 사람들까지 한밤중에
줄줄이 연행되는 모습이 눈앞에 어른거렸어. 회전 책장은 두

번쯤 덜컹거렸고, 이어서 빈 깡통 구르는 소리가 들리더니 발소리가 멀어져 갔어.

일단 살았다고 생각하자 온몸이 떨려 왔어. 모두들 이가 맞부딪칠 정도로 떨고 있었어. 그래도 11시 반까지는 꼼짝도 할 수 없었어.

문제는 층계 쪽, 그러니까 회전 책장 바로 앞의 전등이 켜져 있다는 것이었어. 책장의 비밀이 발각된 건 아닌지, 경찰이 전등을 끄는 것을 잊은 것인지, 금방 누가 끄러 오는 건 아닌지, 누군가가 숨어서 지켜 보고 있는 건 아닌지 도무지 알 수가 없었어.

그 때부터 우리는 화장실도 사용할 수 없었어. 페터의 양철 휴지통이 임시 화장실 역할을 했지.

12시가 되자, 되는 대로 베개와 담요를 나누어서 한 방에서 이리저리 누워 잠을 청했어. 공포와 냄새와 숨소리 속에서 나는 어찌어찌 1시간 반쯤 눈을 붙였어.

경찰이 우리를 발견한다면, 우리는 그 동안 숨어 살았던 것을 고백할 수밖에 없을 거야. 만약 그 경찰이 착한 네덜란드 인이라면 눈감아 줄지도 모르지. 하지만 독일을 지지하는 사람인 경우에는 어떻게든 그를 매수해야 할 거야.

"만약 그렇게 되면 라디오를 들키지 않도록 부숴야 하지 않을까요?"

"물론이지. 난로 속에 넣어 버리도록 해."

판 단 씨 부부의 말이었어.

"안네의 일기장도 발각될 거야."

아빠의 말에, 누군가가 그걸 태워 버리자고 했어. 정말 위기일발의 순간이었지.

새벽이 되자, 클레이만 씨에게 전화를 하기로 했어. 도둑이 침입했으니 7시가 되면 누군가를 보내 달라는 내용이었어. 우리는 타자기와 계산기 등을 모두 캐비닛에 넣은 후에, 테이블에 둘러앉아 경찰이든 누구든 오기를 기다리고 있었어.

아래층에서 발소리가 들렸을 때, 내가 말했어.

"얀이 왔나 봐요!"

그러자 누군가가 대답했지.

"경찰일 거야!"

이윽고 회전 책장의 문을 두드리는 소리와 함께 휘파람 소리가 들렸어. 미프와 얀이었어. 두 사람은 엉망진창이 된 집 안으로 들어섰지. 우리가 얼마나 환영했는지는 말 안 해도 알 거야.

얀은 서둘러 뚫어진 문을 널빤지로 막아 놓고 경찰에 도둑이 든 것을 신고하러 갔어. 그들은 또 야경 담당 슬레히르 씨가 문에 구멍이 난 것을 보고 경찰에 신고했다며 메모해 놓은 것을 발견하고는 그의 집을 찾아갔어. 우리는 그 사이에 재빨리 집 안을 정돈했지.

11시쯤 돌아온 얀이 설명을 해 주었어. 어젯밤 슬레히르 씨는 순찰을 돌다가 우리 건물의 문에 구멍이 뚫린 것을 보고 경찰을 불러서 함께 집 안을 둘러보았다는 거야. 얀이 찾아간 경찰서에서는 아직 이 사건에 대해 모르고 있었는데, 신고를 접수하고 화요일 중에 점검을 나오겠다고 했대.

그런데 돌아오는 길에 채소 가게 주인 판 호펜 씨를 만나 도둑이 들었다는 말을 했더니, 그는 놀라지도 않고 말하더래.

"알고 있어요. 어젯밤에 아내와 함께 그 앞을 지나다가 문에 구멍이 났기에 손전등으로 안을 비춰 보았더니, 도둑들이 놀라서 도망가는 눈치였어요. 경찰에 신고는 하지 않았어요. 평소 당신들의 행동으로 미루어 보아 뭔가 짚이는 게 있어서 말이에요."

그러니까 판 호펜 씨는 여기에 누군가 숨어 살고 있다는 걸 눈치채고 있었던 거야. 그는 늘 창고 사람들이 없는 점심 시간에 감자를 배달해 주는 좋은 사람이거든.

얀이 돌아간 후, 우리는 식사를 하고 집 안 정리를 한 후 오후까지 낮잠을 잤어.

오후에는 페터와 함께 다락방으로 올라가서 한동안 나란히 앉아 있었어. 우리는 평온을 되찾은 거야. 누구보다도 용감했던 페터가 정말 고마웠어.

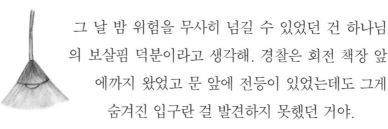

그 날 밤 위험을 무사히 넘길 수 있었던 건 하나님의 보살핌 덕분이라고 생각해. 경찰은 회전 책장 앞에까지 왔었고 문 앞에 전등이 있었는데도 그게 숨겨진 입구란 걸 발견하지 못했던 거야.

이 사건 이후에 우리는 행동을 더 조심하게 되었어. 나중에 퀴흘레르 씨는 우리가 조심성이 없다는 걸 지적했어. 앞으로는 밤에도 아래층에 내려가는 일은 하지 않을 거야.

이 끔찍한 전쟁이 언젠가는 끝나겠지. 그러면 우리도 유대인으로서가 아니라 한 인간으로 살아갈 수 있는 날이 반드시 올 거야.

대체 왜 우리가 이런 고통을 받아야 하는 거지? 누가 유대인과 다른 민족을 구별하게 하는 걸까? 우리를 이렇게 만든 분도 하나님이지만, 우리를 다시 구원해 줄 분도 하나님이라는 것을 굳게 믿고 있어.

이 모든 고통을 견디고 전쟁에서 살아 남는다면, 우리 유대인은 세상에서 사라져야 할 민족이 아니라 이 세상의 모범이 되는 민족이 될 거야.

그 날 밤, 사실 나는 죽음에 대한 준비를 했어. 경찰이 온다면 전쟁에 나간 병사처럼 조국을 위해 죽을 각오를 했었어. 하지만 이렇게 살아 있는 지금은 정말로 훌륭한 네덜란드 인이 되고 싶을 뿐이야. 나는 이 나라를 사랑해.

만약 끝까지 살아 남을 수 있다면, 나는 결코 하찮은 인간으로 살지는 않을 거야. 반드시 사람들에게 도움이 되는 일을 하면서 살 거야. 그러기 위해서는 힘을 내서 살아 남아야 해.

그럼 안녕! 안네가.

누구보다도 사랑하는 키티에게.

어제는 내 인생에서 아주 중요한 날이었어. 처음으로 키스를 한 날이거든.

어떻게 된 일인지 이야기해 줄게.

어젯밤 8시쯤, 그와 함께 소파에 앉아 있었어. 그가 내 어깨에 팔을 두르기에, 나도 그의 겨드랑이 밑으로 손을 넣어 등에 손을 댔어. 그러자 그가 내 어깨를 강하게 조여 왔어. 전에도 어깨동무 자세로 앉아 있었던 적은 있지만, 이렇게 꼭 붙어 있었던 건 처음이야. 내 가슴은 빠르게 고동쳤어. 그는 내 머리를 자기 어깨에 기대게 하고, 그 위에 그의 머리를 댔어. 나는 굳은 것처럼 꼼짝도 할 수 없었지.

그는 조용히 약간은 어색한 손길로 내 뺨과 팔 그리고 머리를 쓰다듬었어. 얼마나 달콤한 기분이었는지 몰라. 너무 행복했어. 페터도 그랬을 거라고 생각해.

우리는 8시 반쯤 자리에서 일어났어. 나는 그가 집 안을 둘러보러 나가기 위해 발소리가 안 나는 운동화로 갈아 신는 것을 바라보고 있었는데, 다음 순간 뜻하지 않은 일이 일어났어. 그가 내게 키스를 하고 있었어. 머리에서 왼쪽 뺨을 거쳐서 귀 쪽으로. 나는 재빨리 그를 밀어 내고 아래층으로 달려 내려왔는데, 가슴은 방망이질을 치고 있었어.

그럼 안녕! 안네가.

1944년 4월 18일 화요일

키티에게.

모든 일이 잘 되어 가고 있어. 아빠는 5월 20일 이전에 소련과 이탈리아 그리고 서유럽 쪽에서도 광범위한 작전이 있기를 기대한다고 하셨어. 나는 오히려 우리가 여기에서 나가서 자유로워지는 걸 상상하기가 더 어려워.

어제 페터와 나는 아주 많은 이야기를 나눴어. 열흘 동안 미뤄 두었던 이야기들이야. 나는 그에게 여자의 성에 관한 모든 것을 말해 주었어. 아주 미묘한 이야기까지도 망설이지 않고 모두 이야기했어. 이야기가 끝날 때쯤, 우리는 키스를 나눴어. 입술 바로 옆에 해 준 키스는 아주 멋졌어.

어쩌면 나는 이 일기장을 위층에 가지고 가서 더 많은 이야기를 하게 될 것 같아. 나는 서로 껴안고 있는 것만으로는 만족할 수 없는데, 페터도 같은 기분이기를 바란다.

긴 겨울이 지나고 드디어 봄이 오고 있어. 4월은 아주 멋진 달이야.

그럼 안녕! 안네가.

키티에게.

뒤셀 씨는 열흘째 판 단 아저씨와 말을 하지 않고 있어. 도둑이 든 이후 더 많은 안전 수칙을 새로 정했는데, 그게 마음에 들지 않았던 모양이야. 뒤셀 씨는 판 단 아저씨가 자기의 의사를 무시했다고 생각해.

"이 곳의 모든 일은 위에서 결정을 해 버리잖아. 난 너의 아버지에게 이 말을 해야겠어."

뒤셀 씨는 안전 문제로 인해 더 이상 주말에 사무실에 가서는 안 된다고 했는데

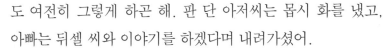

도 여전히 그렇게 하곤 해. 판 단 아저씨는 몹시 화를 냈고, 아빠는 뒤셀 씨와 이야기를 하겠다며 내려가셨어.

뒤셀 씨는 변명만 늘어놓았대. 우리는 아빠가 무슨 말을 했는지 모르지만 분명히 심하게 면박을 주셨을 거야.

나는 〈탐험가 블루리의 모험〉이라는 동화를 썼어. 세 사람에게 보여 주었는데 모두 재미있다고 했단다.

그럼 안녕! 안네가.

키티에게.

나는 꿈 속에서 경험했던 페터르 스히프의 뺨의 감촉을 아직도 잊을 수가 없어. 바로 그 경험이 나를 변하게 했다고 생각하거든. 페터와 함께 있을 때도 비슷한 감정을 느낀 적은 있었어.

어제 페터와 나는 보통 때처럼 서로의 어깨를 안고 앉아 있었어. 그런데 갑자기 보통 때의 안네는 사라지고 또 다른 안네가 그 자리를 차지했어. 또 다른 안네는 무모하고 장난기 많던 평소의 안네가 아니었어. 열정적으로 사랑을 하는 안네였어.

그의 곁에 앉아 있는 동안, 나는 걷잡을 수 없이 감상적으로 변하면서 눈물이 흘러내렸어. 눈물이 그의 바지 위로도 떨어졌어. 그가 눈치를 챘을까? 아무튼 그는 움직이지 않고 그대로 있었어. 어쩌면 그도 같은 감정이었을지도 모르지.

8시 반쯤 되었을 때, 나는 일어서서 창가로 갔어. 나는 여전히 떨고 있었어. 그가 가까이 다가오자 나는 그의 목을 안고 왼쪽 뺨에 키스를 했어. 오른쪽 뺨에도 키스를 하려고 했

는데, 그만 내 입술이 그의 입술과 겹쳐졌어. 우리는 한 바퀴 돌면서 서로를 격렬하게 껴안았어. 마치 떨어지지 않을 것처럼 말이야.

페터도 정이 필요했던 거야. 그는 처음으로 자기를 자극하는 소녀에게 또 다른 면이 있다는 것을 발견했겠지. 지금껏 친구도 없이 지내 왔던 그는 생전 처음으로 자기 자신을 주는 법을 알았고, 자신을 열어 보이는 법을 알게 된 거야.

나는 다시 한 번 자문(자신에게 스스로 물음)하게 되었어.

"정말 이래도 되는 걸까? 여자인 내가 이렇게 충동적인 행동을 해도 되는 걸까?"

그에 대한 대답은 단 하나야.

"나는 오랫동안 내 외로움을 달래 줄 누군가를 너무나 갈망해 왔어. 그리고 지금 위안을 찾은 거야."

우리는 낮 시간에는 보통 때처럼 행동하곤 해. 그러다가 밤이 되면 온통 행복과 기쁨 속에서 서로를 생각한단다. 나는 스스로 두렵기도 해. 충동적으로 나를 성급하게 내주고 있는 건 아닌지 걱정이 돼.

이성과 감성이 균형을 잡는 건 참 어려운 일이야. 시간이 지나면 어느 쪽이든 결론이 날 거야. 그 때 내가 올바른 선택을 했다는 확신을 가질 수 있을까?

1944년 5월 2일 화요일

키티에게.

토요일 밤에 나는 우리 관계를 아빠에게 어느 정도 말씀드리는 것에 대해 페터와 의논했어. 그도 그렇게 해야 한다고 생각하고 있었어. 나는 그가 정직한 사람이라는 걸 알게 되어서 기뻤어.

나는 아빠와 물을 뜨러 가던 도중에 말을 꺼냈어.

"아빠도 짐작하실 거예요. 제가 페터와 함께 있을 때 멀찌감치 떨어져 있을 거라고는 생각지 않으시죠? 우리가 친하게 지내는 것이 잘못이라고 생각하세요?"

아빠는 조금 생각한 후에 대답하셨어.

"잘못이라고 생각하지는 않는다. 하지만 안네야, 항상 행동을 조심해야 한다. 여기는 생활 공간이 제한되어 있으니까 말이야."

그런데 아빠가 일요일에 나를 따로 불러서 다시 이야기를 하시는 거야.

"안네야, 네 이야기에 대해서 아빠가 다시 한 번 생각해 봤는데, 아무래도 좋은 일이라고 할 수는 없을 것 같구나. 아빠는 너희가 그냥 친구 사이인 줄만 알았단다. 너, 페터를 사랑하니?"

"아니에요, 그런 사이는 아니에요."

"아빠는 너희를 이해한다. 하지만 감정을 절제할 줄 알아야 해. 페터와 함께 있을 때 너무 자극적인 행동은 삼가거라. 남자들은 때로 앞뒤 가리지 않고 행동하는 면이 있거든. 게다가 늘 함께 생활하는 이런 환경에서는 더 주의해야

안네의 일기

하지. 너무 깊이 빠지지 않도록 하렴."

"주의할게요. 그런데 아빠, 페터는 정말 좋은 아이예요."

"그래, 하지만 마음이 강하지 못해서 외부의 영향을 받기 쉬운 성격이다."

그 날 아침 페터와 다락방에서 만났을 때, 그가 아빠에게 말했느냐고 물었어.

"말했어. 아빠는 우리가 잘못하는 거라고는 생각지 않으신대. 다만 특수한 환경이니만큼 조심해야 한다고 하셨어."

"우린 결코 문제를 일으키지 않겠다고 약속했잖아. 그걸 꼭 지킬 거야."

"알았어. 그런데 아빠는 우리가 그냥 친구 사이인 줄만 아셨나 봐. 우리 지금부터라도 친구로 지낼 수 있을까?"

"난 그럴 수 있어. 넌 어때?"

"나도 그래. 아빠가 너를 신뢰하신다고 말했어. 나 역시 아빠를 믿는 것만큼 너도 믿을 거야."

"그렇게 생각해 주어서 고마워."

페터는 그렇게 말하며 얼굴을 붉혔단다.

그 후에 아빠는 페터를 만나 이야기를 나누셨는데, 다음 날 페터가 나에게 말해 주었어.

"너희 아빠는 우리가 사랑에 빠질 가능성이 있다고 염려하셨어. 그래서 내가 우리는 반드시 건전하게 행동할 거라고 말씀드렸어."

1944년의 일기

아빠는 내가 밤에 페터의 방에 가는 걸 탐탁치 않게 여기시 겠지만 나는 금방 그만둘 생각은 없어. 그와 함께 있는 게 즐 겁고, 또 그를 믿는 만큼 경계하지 않을 거야.

그럼 안녕! 안네가.

1944년 5월 3일 수요일

지난 토요일부터 우리는 11시 반에 아침 겸 점심을 먹기로 했어. 식량을 절약하기 위해서야. 채소는 여전히 구하기 어려 운 상황이야. 겨우 시든 상추 정도지.

우리는 때때로 절망을 느끼면서 자문하곤 해.

"전쟁이 왜 필요할까? 사람들은 왜 함께 평화롭게 살지 못 하는 거지?"

이런 질문에 똑떨어지는 대답을 할 수 있는 사람은 없어. 도대체 왜 사람들은 한쪽에서는 폭탄과 폭격기를 만들면서, 또 한쪽에서는 복구라는 이름으로 조립식 주택을 세우는 걸 까? 그리고 왜 수백만 달러를 전쟁에 쏟아 부으면서, 다른 한 쪽에서는 굶어 죽는 사람이 나오게 하는 걸까?

인간에게는 본래 파괴 본능이 있는 것 같아. 그래서 인간이 존재하는 한 전쟁은 끊임없이 일어날 수밖에 없어. 인간은 스 스로 성취해 놓은 것들을 파괴하고 또다시 시작하곤 해.

나는 이따금 우울할 때도 있지만 절망에 빠지지는 않아. 위험하고 답답한 생활 속에서도 낭만을 찾고, 일기를 쓸 때면 그 고통마저도 재미있게 그리려고 애써 왔어. 나는 나날이 내가 정신적으로 성장해 가는 것을 느껴. 모든 것이 너무나 아름답다는 것을 알고 있는 한 절망할 일은 없다고 생각해.

그럼 안녕! 안네가.

1944년 5월 5일 금요일

키티에게.

아빠가 무척 불쾌해하고 계셔. 아빠는 그 날 이후 내가 다락방에 가지 않을 거라고 생각하셨나 봐.

나는 아빠에게 내 생각을 확실히 말하려고 해. 마르고 언니가 나에게 좋은 충고를 해 주어서 그 방법을 쓸 거야.

마르고 언니는 아빠에게 편지를 써 보라고 했는데, 너에게 아빠한테 쓴 편지를 공개할게.

그럼 안녕! 안네가.

아빠, 아빠는 제가 더 조신하게 행동하길 원하셨겠지요.

그래서 실망하셨을 거예요.

하지만 저희들은 2년 전 이 곳에 온 후로 단 하루도 편안하게 보낸 적이 없었어요.

밤이면 제가 얼마나 울었는지, 절망 속에서 얼마나

외로워했는지를 아빠가 아세요?

그걸 아신다면 다락방에 가고 싶은 제 마음을 이해하실 거예요.

저는 이제 독립적인 인간이 되었다고 생각해요.

아빠는 비웃을지도 모르지만, 상관없어요.

저 혼자 외로워할 때에는 그다지 마음 써 주는 일 없이 오히려

모두들 잔소리만 해댔죠.

제가 그렇게 수다를 떨었던 것도 모두 외로움 때문이었어요.

그런 과정을 거쳐 온 저는 비로소 이제 몸과 마음이 독립된

인간이 된 거예요.

이제는 제가 원하는 길, 옳다고 생각하는 길을 갈 거예요.

저를 그저 열네 살의 여자 애라고만 생각하지 마세요.

지나간 일은 후회하지 않고 스스로 선택한 일을 열심히 하면서

살 거예요.

아빠가 위협을 하셔도 제가 다락방에 가는 건 막을 수 없을

거예요. 단호하게 금지 명령을 내리실 게

아니라면, 끝까지 저희들을 믿고

간섭하지 말아 주세요.

안네의 일기

키티에게.

어제 아빠의 주머니에 내 편지를 넣어 두었어. 그런데 아빠가 그 편지를 받고 너무나 가슴아파 하셨대. 아빠도 쉽게 상처를 받으시는 분이거든. 내 편지가 아빠에게 얼마나 고통을 드릴지 알면서 그런 짓을 하다니……

페터의 방으로 가서 나는 아무것도 묻지 말아 달라고 부탁했어. 아빠도 아직은 나를 부르시지 않으셔. 생각이 정리되지 않으신 것 같아.

그럼 안녕! 안네가.

키티에게.

어제 오후에 아빠랑 많은 이야기를 했어. 나는 많이 울었고, 아빠도 눈물을 흘리셨어.

"지금까지 그렇게 가슴아픈 편지는 처음이었다. 너는 지금껏 부모의 사랑을 한껏 받으며 자랐어. 우리는 항상 정성을 다해 너를 잘 키우려고 애를 썼다. 네가 부당한 대우를 받았다고 생각하는 건 잘못된 거야. 우리를 그렇게 오해하다니…… 정말 가슴이 아팠어."

생각해 보니, 아빠에게 그런 말을 한 건 내 생애 최대의 실

수였어. 나는 너무 눈앞의 일에만 신경을 썼던 거야. 내게 그토록 다정했던 아빠에게 그렇게 버릇없는 비난을 한 건 정말 해서는 안 되는 일이었어.

결국 아빠는 나를 너그럽게 용서해 주셨는데, 그 때문에 나는 더 부끄러웠어. 아빠는 마치 잘못이 아빠에게 있는 것처럼 내 편지를 불태워 버리겠다고 하셨어.

이번 일로 나는 많은 것을 배웠어. 이제 잘난 척하지 않을 거야. 다른 사람을 비난하고 무시하는 버릇도 고칠 거야. 나 자신을 돌아볼수록 결점도 많고 부끄러워질 뿐이야.

다시는 실수를 하지 않을 거야. 지금 내 곁에는 페터가 있고 나를 사랑해 주는 사람이 있으니까 모든 걸 다시 시작하는 게 어렵지는 않을 거야.

아빠를 본받아서 훌륭한 사람이 되도록 할게.

그럼 안녕! 안네가.

1944년 5월 8일 월요일

키티에게.

지금부터 우리 집 가족사에 관한 이야기를 할게.

우리 아빠의 부모님은 굉장히 부자셨대. 할아버지는 자수성가하여 돈을 모으신 분이고, 할머니는 돈 많고 명망 있는 집안 출신이셨어. 그래서 아빠는 어려서부터 주말이면 무도

회, 음악회, 파티 등에 참석해 아름다운 여자들을 만나는 부잣집 도련님으로 자라셨어.

그런데 할아버지가 돌아가신 후, 재산이 줄어든데다 세계 대전이 일어나는 바람에 결국 아빠는 파산하셨어. 그래도 전쟁이 일어나기 전까지는 부자 친척이 있어서 풍족한 생활을 하셨대.

엄마의 친정은 그런대로 유복한 집안이었고, 친척들과 모여서 무도회를 열 정도는 되었다나 봐. 우리로서는 말만 들어도 입이 떡 벌어지는 일들이지.

우리는 지금 전쟁 후의 나날에 희망을 걸고 있어. 나는 부자로 사는 것보다도 파리와 런던에 가서 공부를 하고 싶어. 돈이야 많아서 나쁠 건 없지.

미프는 지난 주말에 백만 장자의 집으로 시집가는 사촌 여동생의 약혼식 피로연에 갔었는데, 거기에서 나온 어마어마한 요리 이야기를 듣고 우리는 모두 군침을 삼켰단다. 그건 소문으로만 듣던 백만 장자 집안의 이야기였거든. 우리는 늘 허기가 져서 뱃속에서 꼬르륵거리는 소리가 나는데……. 만약 우리가 그 파티에 갈 수 있었다면 음식이 남아나지 않았을 거야.

그럼 안녕! 안네가.

1944년 5월 11일 목요일

나는 너무너무 바쁘단다. 일이 산더미처럼 쌓여 있어.

무슨 일이냐 하면 무엇보다도 도서관에 돌려 주어야 하는 〈갈릴레오 갈릴레이〉를 내일까지 다 읽어야 하고, 그 다음에는 어제 읽은 〈샤를 5세〉의 제1부를 바탕으로 가계보를 만들어야 해. 그리고 뒤섞여 있는 영화 배우 사진들을 정리해야 하는데, 이건 좀 미뤄 둘 예정이야. 마지막으로 테세우스, 오이디푸스, 오르페우스, 헤라클레스 등 신화 속 영웅들의 이야기를 정리해야 해. 그 사람들의 이야기가 내 머릿속에서 서로 엉켜 있어서 말이야. 대충 이 정도인데…… 아, 또 있어. 성경을 읽는 것인데, 앞으로 얼마나 더 걸릴지 잘 모르겠어.

키티, 할 일이 너무 많아서 머리가 터질 것 같은 기분을 너도 알까?

좀 다른 이야기를 하자면, 너도 알다시피 오랫동안 간직해 온 나의 소망은 저널리스트(신문이나 잡지의 기자나 기고자. 언론인)가 되는 거야. 그리고 더 공부한 후에는 유명한 작가가 되는 것이야. 내 머릿속에는 지금도 여러 주제들이 들어 있는데, 과연 이렇게 산더미처럼 쌓여 있는 공부들이 나의 소망을 이루는 데 도움이 될까?

어쨌든 전쟁이 끝나면 나는 〈은신처〉라는 제목으로 책 한 권을 쓰고 싶어. 성공할 수 있을지는 모르지만 이 일기가 많은 도움이 되리라고 믿어.

키티에게.

오늘은 아빠 생신이야. 그리고 어느 새 아빠와 엄마가 결혼하신 지 19년이 흘렀어.

올해 들어서 햇빛이 가장 찬란한 날이야. 마로니에 나무에는 꽃이 만발했고 무성한 잎으로 뒤덮인 것이 지난 해보다도 훨씬 아름다워.

클레이만 씨와 퀴흘레르 씨 그리고 뒤셀 씨는 아빠에게 모두 책을 한 권씩 선물했어. 그리고 판 단 아저씨가 선물한 기막히게 예쁜 상자 안에는 달걀 3개와 요구르트 1개 그리고 녹색 넥타이가 들어 있었어. 나는 장미를 드렸고, 미프와 베프는 향기는 없었지만 아주 예쁜 카네이션을 선물했어. 게다가 맛있는 페이스트리 빵 50개가 도착했으니, 꿈만 같았어.

아빠는 몹시 기뻐하시며 손수 생강빵을 내오셨고, 남자들에게는 맥주를, 여자들에게는 요구르트를 대접하셨어. 아주 즐거운 시간이었어.

그럼 안녕! 안네가.

키티에게.

오늘은 판 단 씨 부부가 벌인 말다툼을 소개할게.

아줌마 : 독일군이 강하긴 강한가 봐요. 대서양을 굳건하게
지키고 있고 영국군도 격파했다니 말이에요.

아저씨 : 그 정도라면 결국엔 독일이 승리하는 게 아닐까?

아줌마 : 그럴 것 같아요. 다른 결론이 나기는 어렵지
않겠어요?

아저씨 : 이제는 당신 말에 대답하기도 귀찮아.

아줌마 : 흥, 대답하지 않고는 못 배길걸요? 당신은 내
말꼬리를 잡는 게 취미잖아요.

아저씨 : 그런 적 없어. 나는 꼭 필요한 때에만 대답했을
뿐이야.

아줌마 : 그래도 늘 자기 주장이 옳다고 하잖아요. 항상
빗나가는 예상만 하면서도 말이에요.

아저씨 : 빗나간 적 없어.

아줌마 : 거짓말! 당신 예상대로라면 연합군은 이미
상륙했을 거고 이탈리아는 지난 겨울에
항복했겠지요. 이제 당신 예상은 믿을
수가 없게 되었어요.

아저씨 : 두고 봐. 언젠가는 내가
말한 게 옳았다는 걸 알게 될 거야.
이젠 당신의 잔소리가 더 지겨워.

1944년의 일기

엄마와 나는 웃음이 터질 뻔했어. 다만 페터는 웃지 않고 입술을 깨물고 있었어. 어른들도 때로는 참 바보 같은 말다툼을 한단다.

그럼 안녕! 안네가.

1944년 5월 22일 월요일

키티에게.

암스테르담의 모든 시민, 네덜란드 국민 전체가 연합군의 상륙을 고대하고 있어. 영국은 걸핏하면 상륙 작전을 할 것처럼 위협만 하는 작전을 쓰고 있단다. 우리는 연합군의 활동을 기대하고 있는데 말이야.

사실 영국은 자기 나라와 국민을 위한 전쟁을 하고 있을 뿐인데, 우리 네덜란드 사람들은 영국이 하루빨리 네덜란드를 구해야 할 의무가 있는 것처럼 생각하고 있어. 하지만 그렇게 생각하는 건 큰 착각이지. 영국은 사실 상륙 작전을 하고 싶지 않을 수도 있어. 아무런 이익이 없이 자국민을 희생시키는 나라는 없을 테니까. 다만 그것으로 독일을 위협하고 있을 뿐이지.

또 한 가지 충격적인 뉴스를 들었어. 소문에 의하면 네덜란드 인들 사이에서도 반유대주의가 점점 확산되고 있다는 거야.

우리들은 그 소식에 정말 충격을 받았어. 대체 왜 유대 인을 증오하는 걸까? 도대체 왜 우리가 이렇게 오랫동안 전쟁에 시달려야 하는 건지 이해할 수가 없단다. 정말 슬프고 비참한 일이야.

지금 우리의 소망은 단 한 가지야. 유대 인에 대한 미움이 사라지는 것, 네덜란드 인들이 정의감을 잃지 않기를 바라는 것뿐이야. 그러나 최악의 경우, 어쩌면 이 나라에 남아 있는 얼마 안 되는 가엾은 유대 인들이 이 나라를 모두 떠날 수밖에 없을지도 몰라. 우리 역시 짐을 싸서 이 아름다운 나라를 떠나게 될 거야. 전에 우리를 따뜻하게 맞아 주었던 네덜란드가 우리를 버린다면 말이야.

나는 네덜란드를 사랑해. 조국이 없는 유대 인인 나는 네덜란드가 내 조국이 되기를 원했고, 지금도 그 마음은 변함이 없어.

그럼 안녕! 안네가.

1944년 5월 25일 목요일

키티에게.

날마다 새로운 소식이 있어. 우리에게 늘 채소를 배달해 주던 판 호펜 씨가 오늘 아침에 체포되었어. 집에 유대 인 두 명을 몰래 숨겨 준 것이 발각되었대.

우린 너무 놀랐어. 가엾은 유대 인 두 명의 목숨이 위험할 뿐만 아니라, 숨겨 준 사람들도 끔찍한 일을 당하게 될 테니까 말이야.

요즘 세상은 정상이 아니야. 존경받을 만한 사람들은 감방에 갇혀 외로운 날들을 보내고, 하찮은 인간들이 남녀 노소를 불문하고 세상을 지배하고 있으니 말이야.

그 사람이 잡혀 가는 바람에 우리는 더 이상 감자를 배달시킬 수 없게 되었어. 이제 유일한 해결책은 조금 먹는 것밖에 없는데 어떤 방법으로 덜 먹을 것인지가 문제야.

엄마는 아침을 굶고 점심에 오트밀과 빵을 먹고, 저녁에는 감자튀김을 먹자고 제안했어. 채소는 1주일에 한두 번만 먹는 걸로 하고 말이야. 당연히 배가 고프겠지만, 잡혀 가는 것보다는 낫잖아.

그럼 안녕! 안네가.

1944년 5월 26일 금요일

키티에게 겨우 짬을 내어 몇 자 적는 거야. 나는 지금 몹시 슬퍼. 아마 여태껏 이렇게 비참한 기분은 처음인 것 같아.

체포된 판 호펜 씨, 반유대주의 문제, 늦어지는 상륙 작전, 어려운 식량 사정 그리고 페터에 대한 실망 등 이 모든 것과 관련된 절망감이 나를 비참하게 만들고 있어. 웃는 얼굴로 사태를 낙관적으로 보려고 노력하지만 불안과 절망을 몰아 낼 수가 없어.

미프와 퀴홀레르 씨는 우리를 도와 주는 정도가 아니라 책임을 지고 있다고 말할 정도로 너무나 무거운 짐을 지고 있어. 클레이만 씨와 베프도 우리를 잘 도와 주고 있단다.

하지만 어쨌든 그들은 나름대로 자유로운 생활을 하고 있는데, 나는 이 곳에 온 이후로 단 한 순간도 억눌린 생활에서 벗어날 수가 없었어. 이런 삶이 얼마나 계속될지도 몰라.

미프가 건포도가 든 케이크를 주었어. '성령 강림절을 축하드립니다.' 라고 씌어 있었는 데, 왠지 쓴웃음이 나왔어. 현재 우리의 삶에 '축하' 라는 말이 어울리겠어?

판 호펜 씨 사건 이후 모두들 신경이 곤두서 있어. 경찰이 판 호펜 씨네 집을 강제로 부수고 들이닥쳤다는 이야기를 들었거든. 언제 우리에게 그런 일이 닥칠지 알 수 없어.

나는 여러 번 자문하곤 해. 차라리 이 곳으로 오지 않는 게 더 낫지 않았을까? 그랬다면 지금쯤 우리는 모두 죽었을지도 몰라. 하지만 이런 비참한 상황을 겪지 않았을 테고, 다른 사람들을 위험에 빠뜨릴까 봐 가슴 졸이지도 않겠지.

우리는 불안한 미래에 대해 아직도 희망을 걸고 있단다.

아아, 하루빨리 이 전쟁이 끝났으면 좋겠어. 결과가 비극이라 해도 어쨌든 결론은 확실해질 테니까 말이야.

1944년의 일기

키티에게.

지난 주말부터 내내 너무 더워서 아무 일도 할 수가 없었어. 요즘 더위는 이상 기온 탓이라고 해. 문조차 마음대로 열수 없는 은신처의 더위는 이루 말할 수가 없을 정도야.

사람들은 줄곧 더위에 대해 투덜거렸어.

토요일 : 오전 중에만 해도 "굉장한 날씨야!"라고 말했는데, 오후에 창문을 닫은 뒤로는 "더위만 아니라면 어떤 불평도 하지 않을 거야!"로 바뀌었지.

일요일 : "참을 수가 없어. 버터는 녹고 빵은 바싹 마르고 우유는 상하는데 창문도 열 수가 없으니! 남들은 성령 강림절 휴가를 즐기고 있는데, 우리는 더위 때문에 질식할 것 같아.

이건 모두 판 단 아줌마의 불평이야. 아침부터 밤까지 줄곧 불평만 늘어놓고 있으니, 머리가 돌아 버릴 것 같아.

어제까지는 정말 끔찍한 더위였어. 오늘은 바람이 불어서 좀 나은 편이야. 햇빛은 여전히 강하지만.

그럼 안녕! 안네가.

1944년 6월 5일 월요일

키티에게.

아빠와 뒤셀 씨 사이에 약간의 문제가 발생했어. 버터 때문이었는데, 뒤셀 씨가 항복했어.

뒤셀 씨와 판 단 아줌마는 요즘 아주 가까워졌어. 키스를 나누면서 다정하게 웃기도 하는 사이야.

연합군 제5부대가 로마를 점령했대. 하지만 양쪽 모두 시가지를 파괴하지 않고 공중 폭격도 안 하기로 합의했대.

우리에게는 채소도 감자도 조금밖에 남지 않았어. 날씨도 나쁘고, 도버 해협 부근의 프랑스 해안에는 엄청난 폭격이 진행되고 있대.

1944년 6월 6일 화요일

키티에게.

"오늘이 디데이입니다!"

영국 뉴스를 통해 틀림없이 들은 말이야. 오늘이 바로 그날이야. 상륙 작전이 드디어 시작된 거야.

영국 방송은 아침 8시 뉴스에서 이렇게 말했어.

"프랑스 북서부의 칼레, 볼로뉴, 르아브르, 셰르부르 근처에서 엄청난 공습이 있었습니다. 점령지에 살고 있는 사람들의 안전을 위하여, 해안으로부터 35킬로미터 이내에 거

주하는 주민들에게 공습 경보를 발령합니다. 영국군은 공습 한 시간 전에 경고 전단을 뿌릴 것입니다."

아침 9시에 우리는 이 작전에 대한 이야기를 나눴는데, 2년 전 디에프 상륙 작전(연합군이 독일군의 방어진이 있는 프랑스의 항구 '디에프'를 기습한 사건으로, 작전이 시작된 지 약 6시간 만에 취소됨) 때처럼 또 그렇게 무산되는 건 아닐까 걱정했어. 그런데 11시에 '오늘이 디데이'라는 성명이 나왔어.

"마침내 전투가 시작되었습니다. 우리는 반드시 승리할 것입니다. 1944년을 승리의 해로 만듭시다."

뉴스가 끝나자 벨기에 총리, 노르웨이의 국왕, 프랑스의 드골 장군, 영국 국왕 등이 잇따라 연설을 했어. 그리고 마지막으로 처칠의 연설도 있었어.

지금 우리 은신처 안에서는 모두가 흥분에 휩싸여 있단다. 너무나 기쁜 소식이라서 믿을 수가 없을 정도야. 1944년이 승리의 해가 될지는 아직 모르지만, 우리는 희망과 용기를 갖게 되었어. 이럴 때 가장 중요한 건 의연함을 잃지 않는 거야. 오히려 이를 악물고 견뎌야겠지.

키티! 상륙 작전이 무엇보다도 기쁜 이유는 아군이 우리에게 가까이 온다는 거야. 우리는 지금껏 독일군의 끔찍한 박해를 견뎌 왔거든. 이제 이것은 더 이상 유대 인만의 문제가 아니라 네덜란드 국민 전체, 아니 전 유럽의 기쁨이 된 거야.

일이 잘 된다면 어쩌면 9월이나 10월쯤에는 학교에 갈 수

1944년의 일기

있을지도 모르겠어.

그럼 안녕! 안네가.

추신 : 앞으로는 최신 뉴스를 말해 줄 거야,

1944년 6월 9일 금요일

키티에게.

상륙 작전에 관한 대단한 뉴스야. 연합군은 프랑스 해안 마을을 함락했고, 연합군은 셰르부르를 포함한 반도 전체를 차단할 계획이래. 악천후가 계속되고 있지만, 공군은 눈부시게 활약하고 있다는 거야.

BBC 방송은 처칠이 디데이에 몸소 출격하려 했다는 사실을 전했어. 그런데 다른 장군들이 겨우 단념시켰다는 거야. 일흔 살이나 된 노인이 그런 용기를 갖다니, 정말 대단한 분이지?

이 곳의 흥분은 좀 누그러졌지만 여전히 우리는 올해 안에 전쟁이 끝나기를 기대하고 있어. 상륙 작전이 지연되는 것에 대해 불평하던 판 단 아줌마는 이제는 날씨가 나쁘다는 불평을 하고 있어.

우리는 요즘 〈헝가리안 랩소디〉 3부작을 다 읽었어. 음악가 프란츠 리스트의 일대기야. 한 시대를 대표했던 음악가인

리스트는 복잡한 여자 관계로도 유명한 인물이야. 허영심이 강하기는 했지만, 리스트는 정말 훌륭하고 멋진 음악가였어. 어려운 사람을 기꺼이 도왔고, 마음도 여렸어. 돈에 집착하지도 않았고, 자유를 사랑하던 사람이었지. 다만 여자와 코냑에는 약했지. 아무튼 음악은 그의 모든 것이었어.

그럼 안녕! 안네가.

키티에게.

이제 나는 열다섯 살이 되었어. 푸짐한 생일 선물을 받았단다. 미술사 책 5권, 속옷 1벌, 손수건 2장, 요구르트 2병, 잼 1병, 벌꿀 케이크 2개, 식물학 책 1권을 부모님에게서 받았어. 언니가 은팔찌를 준 것 외에도 은신처와 사무실 사람들이 모두 선물을 주며 축하해 주었어.

페터에게서는 예쁜 작약 꽃다발을 받았어. 아마 뭔가 특별한 것을 주고 싶어 궁리를 하다가 결국은 잘 안 된 것 같아.

날씨는 계속 험하지만 상륙 작전은 잘 진행되고 있다는 소식이야. 숨어 지내는 우리는 바깥 세상의 사람들이 뉴스에 어떤 반응을 보이는지 알 수가 없어. 영국이 드디어 전쟁에 나선 것을 열렬히 환영하면서도 한쪽에서는 네덜란드가 영국에게 점령당하는 건 싫다고 하나 봐.

아직도 네덜란드 사람들 중에는, 독일을 싫어하면서도 영국인을 깔보고 영국을 노인들이 정치하는 나라라고 부르는 사람들이 있는 모양이야. 아마도 틀림없는 멍청이들일 거야.

그럼 안녕! 안네가.

1944년 6월 15일 목요일

키티에게.

내가 자연과 관련된 모든 일에 열중하는 건 어쩌면 너무 오랫동안 바깥 세계를 접하지 못한 것 때문이 아닌가 싶기도 해. 기억하건대, 전에는 깊고 푸른 하늘이라던가 새 소리 그리고 달빛이나 꽃들이 내 마음을 그다지 흔들지 못했는데 이곳에 온 이후 완전히 달라진 거야.

지난번 성령 강림절 무렵에는 혼자 달빛을 감상하려고 무더위 속에서 11시까지 잠을 자지 않고 기다린 적도 있어. 그런데 그 날 달빛이 너무 밝아서 창문을 열 수가 없었지 뭐야.

또 언젠가 위층에 올라갔다가 창문이 열려 있었는데, 정말 밑으로 내려오고 싶지 않았어. 금방 비가 쏟아질 것 같은 먹구름까지도 나를 사로잡았다니까.

많은 사람들은 자연을 사랑하지. 감옥에 있는 사람이든 병원에 있는 사람이든 하루빨리 밖에 나가서 아름다운 자연을 즐길 수 있는 날이 왔으면 좋겠어.

나는 하늘을 바라보면 마음이 평온해
져. 진정제보다 훨씬 효과가 있지. 하지
만 여기서 내가 할 수 있는 일이라고는
이따금 먼지 낀 창문에 걸린 더러운 레
이스 커튼 사이로 하늘을 바라보는 것뿐
이야.

난 그것만으로는 도저히 만족할 수가 없어. 자연이야말로
이 세상에 오직 하나뿐인 순수한 아름다움이거든.

1944년 6월 16일 금요일

키티에게.

새로운 문젯거리가 생겼어. 판 단 아줌마가 절망에 빠져서
머리에 총탄을 맞는 이야기, 감옥, 교수형, 자살 등의 이야기
만 늘어놓고 있어. 또한 판 단 아줌마는 페터가 엄마에게는
입을 다물고 나에게만 속마음을 이야기한다며 질투를 하기도
해. 남편이 모피 코트 판 돈을 모두 담뱃값으로 버린다고 바
락바락 성질을 내고, 누구에게든 싸움을 하려 들어. 금방 울
다가 웃다가 종잡을 수 없어. 정말 대책 없는 사람이야.

문제는 끊임없이 불평을 늘어놓는 부인 때문에 판 단 아저
씨도 예민해지고, 페터의 성질도 거칠어진다는 거야.

이런 상황을 잘 넘기는 방법이 있기는 하지. 그저 웃어 넘기고 신경 쓰지 않는 거야. 이기적인 말 같겠지만 그것밖에는 대처 방법이 없어.

퀴흘레르 씨는 다시 4주 동안 참호 파는 일에 동원되었어. 의사의 진단서를 이용해 면제받으려고 노력하는 중이야. 그리고 클레이만 씨는 빠른 시일 안에 위 수술을 받기를 원하고 있어.

어제 11시부터는 모든 가정집의 전화가 끊겼단다.

그럼 안녕! 안네가.

1944년 6월 23일 금요일

키티에게.

영국군은 셰르부르에 대공습을 하기 시작했대. 아빠와 판단 아저씨는 10월 10일까지는 우리도 해방되지 않을까 기대하고 있어. 소련도 공습에 참가했거든.

감자는 이제 구하기 힘들어졌어. 앞으로는 먹을 때 몇 개씩 세어서 나눠 줘야 할 거야.

클레이만 씨는 엑스레이 사진에서도 병이 확실하게 밝혀지지 않았대. 수술을 할지 말지를 결정하기가 어려운가 봐.

1944년 6월 27일 화요일

가장 사랑하는 키티에게.

모든 것이 빠르게 좋아지고 있어. 영국군이 셰르부르와 비텝스크 그리고 슬로벤을 점령했어. 독일군 전사자와 포로들의 소식도 들려 오고 있어. 불과 3주 만에 엄청난 전과를 올린 셈이야. 또 영국군은 항구를 점령했기 때문에 보급품을 마음대로 상륙시킬 수 있게 되었어.

상륙 작전이 시작된 이후 3주 동안 줄곧 날씨가 험했지만 연합군은 끄떡없이 작전을 수행했어. 독일군의 저항도 만만치 않겠지만 대세는 기울었어.

이 곳에 와 있는 독일인들은 군인과 관계자들을 제외하고는 안전한 곳으로 피난을 시키고 있대.

얼마 전에 핀란드는 평화 제안을 거절했어. 협상은 지금 깨진 상태고……. 그 바보들은 반드시 후회하게 될 거야. 한 달쯤 후에는 어떻게 되어 있을지 기대가 돼.

1944년 7월 6일 목요일

키티에게.

페터가 자기는 나중에 범죄자가 될 거라는 둥 도박 중독이 될 거라는 둥의 이야기를 할 때마다 나는 얼마나 걱정되는지 몰라. 물론 농담으로 하는 말이겠지만, 나는 그가 자신의 나

1944년의 일기

약한 성격 때문에 고민하고 있다는 것을 느낄 수 있어.

"너처럼 강한 용기가 있다면 좋겠어."

페터와 마르고 언니는 내게 몇 번이고 이렇게 말하곤 해.

나는 강한 성격이 좋은 건지 잘 모르겠어. 하지만 나약한 성격이 싫다면 왜 그걸 고치려는 노력을 안 하는 걸까? 내가 그렇게 물으면 그들은 힘없이 이렇게 대답하곤 해.

"그냥 이게 더 편해."

나는 어떤 말로 페터에게 용기를 줄 수 있을지 곰곰이 생각해 보지만 명쾌한 대답을 찾을 수가 없어.

요즘 페터는 나에게 기대려는 경향을 보이는데, 어떤 상황에서도 이건 바람직한 일이 아니라고 생각해. 페터처럼 소극적인 사람에게는 스스로 떨치고 일어서는 것이 어려운 일이겠지만, 자기 발로 우뚝 서는 것은 정말 중요한 일이거든.

'편안함'이란 사람들을 유혹하는 매력이 있지. 하지만 그것에 중독되면 아무것도 할 수 없다는 것을 어떻게 설명할 수 있을까?

우리는 모두 행복해지기를 바라며 살고 있어. 사는 방법은 달라도 그 목적은 같은 거야. 그런데 우리가 추구하는 행복은 스스로 성취하지 않으면 안 돼. 만약 행복해지고 싶다면 올바른 생활을 해야 해. 게으름이나 도박에 빠지는 한 행복은 오지 않아.

페터는 아직 인생의 목표를 확실하게 정하지 못했어. 그는

안네의 일기

아직도 열등감에 빠져 있단다. 불행히도 그는 남들을 즐겁게 만드는 게 얼마나 기쁜 일인지도 알지 못해. 그에게 그것을 가르쳐 주는 일이 쉽지가 않아.

사람들이 밤마다 잠자리에 들기 전에 그 날 하루를 반성하는 시간을 갖는다면 자신의 삶을 그만큼 고결하게 가꾸어 갈 수 있지 않을까? 그런 시간을 갖는다면 점차 자신을 향상시키기 위한 노력을 하게 될 거야. 또 우리는 그런 노력을 통해서 많은 것을 얻게 될 거야. 이런 일은 돈이 드는 일도 아니니 마음만 먹으면 누구라도 할 수 있는 일이야.

많은 사람들이 '양심이 사람을 강하게 만든다.'는 것을 알게 되었으면 좋겠어.

그럼 안녕! 안네가.

1944년 7월 8일 토요일

키티에게.

회사 대리인 B씨가 베페르비크에 갔다가 경매 시장에서 엄청나게 많은 딸기를 사 왔어. 딸기는 먼지와 모래투성이였어. 사무실 사람들 것과 우리 것을 합해서 스물네 쟁반이 넘는 양이었어.

그 날 밤 우리는 딸기로 병조림 8개, 딸기 잼 8병을 만들었어. 그런데 다음 날 아침에

1944년의 일기

미프가 사무실 사람들의 딸기도 잼으로 만들어 주기를 원했단다.

12시 반쯤 아빠와 페터 그리고 판 단 아저씨가 계단을 여러 번 오르락내리락하며 딸기들을 날랐어.

"안네, 더운 물 좀 가져와라! 마르고는 양동이를 가져오고! 준비 다 됐니?"

미프, 베프, 클레이만 씨, 얀, 아빠, 페터까지 부엌은 대만원이었어. 사람들은 좁은 곳에서 복작대며 시끄럽게 떠들었지. 커튼은 쳐져 있었지만, 창문이 열린 채로 그렇게 떠들어도 괜찮을까 나는 걱정이 되었어.

다른 사람들은 식탁에 둘러앉아 딸기 꼭지를 따는 작업을 시작했어. 작업 중에 부지런히 먹어 가면서 말이야.

한창 작업을 하던 중에 입구의 초인종이 두 번 울려서 우리는 모두 놀라 동작을 멈췄어. 나중에 알고 보니 우편 배달부가 다녀갔대.

그런데 얼마 후 또다시 초인종이 울렸어. 페터가 계단을 내려가서 귀를 기울였는데, 그 때 클레이만 씨의 목소리가 들렸어.

"페터, 빨리 위로 올라가거라. 회계사가 오고 있다. 작업은 뒤로 미뤄라."

페터는 위로 올라왔고, 회전문이 닫혔어.

1시 반쯤에 퀴흘레르 씨가 올라와서 말했어.

"후유, 천지에 딸기뿐이군. 아침에도 딸기, 점심에도 딸기, 딸기 냄새에 질리고 말겠어."

우리는 거의 이틀 동안 갖가지 요리를 딸기로만 만들어 먹어야 했어. 그리고 나머지는 병조림과 잼을 만들어 두었어.

마르고 언니가 내게 말했어.

"안네, 모퉁이의 채소 가게 주인이 완두콩 19파운드를 주기로 했대."

"고마워라!"

내가 대답했어. 하지만 고마운 동시에 성가신 일이야. 엄마가 말했거든.

"토요일 아침에는 모두들 완두콩 까는 것을 도와야 해요."

그래서 오늘은 아침부터 완두콩 껍질을 벗기는 일을 했어.

콩깍지를 벗긴 후에는 벗겨 낸 콩깍지의 껍질을 또 벗겨야 해. 왜냐 하면 안쪽의 야들야들한 부분은 훌륭한 채소 대용이 되거든. 게다가 콩만 먹을 때보다 양도 세 배는 많아져.

이 작업은 굉장히 따분하면서도 까다로워. 끝을 구부리고 얇은 껍질을 벗겨 내고 힘줄을 떼어 낸 다음 다시 껍질을 벗기는 일을 끝도 없이 반복해야 해. 눈앞에 온통 초록색 완두콩이 어른거릴 지경이야.

12시에 겨우 아침을 먹고, 한 시간 가까이 남은 작업을 더

1944년의 일기

했단다. 모든 일이 끝났을 땐 머리가 어지러워서 4시까지 잠을 잤어. 완두콩 생각만으로도 멀미가 나려고 해.

그럼 안녕! 안네가.

1944년 7월 15일 토요일

키티에게.

〈현대 젊은 여성에 대해 어떻게 생각하는가?〉라는 제목의 책을 읽었어. 저자는 요즘의 젊은 세대를 매우 날카롭게 비판하고 있었어. 그런데 그 비판은 젊은 세대가 능력이 없다는 것이 아니라, 오히려 더 아름답고 훌륭한 세상을 만들 수 있 는 힘을 가지고 있으면서도 쓸데없는 일들에만 마음을 빼앗기고 있다는 관점이었어. 책을 읽으면서 마음에 찔리는 점이 없지 않았어.

나는 나 자신에 대해 누구보다도 잘 알고 있어. 즉 내게 결점이 많은 것을 잘 알고 있다는 말이야. 지금까지 우리 부모님은 나를 잘 돌봐 주시고 사랑을 주셨어. 그런데도 나는 오랫동안 외로움을 느껴야 했어. 늘 외톨이였고, 무시당하는 느낌과 오해를 받는 느낌이었어.

아빠는 늘 나를 신뢰하고 내 마음을 이해해 주시는 분이지만, 아빠가 모르는 게 한 가지 있어. 그건 바로 내가 훌륭한 사람으로 자라기 위해서는 나 스스로가 이룩해야 할 것이 있다는 거야.

아빠는 지금도 이렇게 말씀하셔.

"네 나이 때에는 그런 생각을 할 법하지. 하지만 그런 점은 시간이 해결해 줄 거다."

나는 주변의 다른 아이들과 똑같은 아이가 아니라 하나의 독립된 인간으로서, 그리고 유일한 안네로서 대접받고 싶은 데 말이야.

그래서 언제부터인가 나는 진지한 이야기를 아빠와도 하지 않게 되었어. 그냥 이렇게 일기장에 쓰거나 가끔은 언니와 이야기를 나누곤 해. 요즘은 아빠도 그걸 눈치채신 것 같아.

사실 요즘 내 고민은 아빠에 대한 것이 아니라 페터에 대한 것이야. 나는 페터에 대해 마음 속으로 나만의 어떤 이미지를 만들어 내고 있었어. 그를 사랑과 우정을 갈망하는 감수성이 예민한 사랑스러운 친구라고 생각했고, 내게 도움을 줄 수 있는 친구라고 생각했어. 그리고 결국 우리는 자연스럽게 가까워졌는데, 지금 생각하면 그게 잘한 일인지 모르겠어.

문제는 페터가 지나치게 나를 의지하고 있다는 거야. 그런데 나는 그를 홀로 서게 할 수 있는 방법을 모르겠어. 그가 내가 원하는 그런 친구가 아니라는 걸 깨달았지만, 그래도 그가 무언가 성취할 수 있도록 도와 주고 싶거든. 그게 잘 안 돼서 고민이야.

어디선가 '마음 깊은 곳에서는 노인보다 젊은이들이 더 고

1944년의 일기

독하다.' 라는 말을 읽은 적이 있어. 그 말이 맞는 것 같아. 은신처에서 보내는 동안 어른들보다 우리들이 더 괴로웠던 게 아닐까.

혼란과 불행, 죽음의 바탕 위에서는 희망을 쌓아올릴 수가 없어. 나는 이 세계가 점점 황폐해지는 것을 직접 바라보고 있어. 점점 다가오는 천둥 소리를, 우리를 멸망시킬지도 모르는 소리를 듣고 있지. 하지만 하늘을 우러러보며 여전히 소망하곤 해. 언젠가는 모든 것이 제자리로 돌아가고 잔인한 행위들이 사라져 평화로운 세상이 오기를. 그렇게 될 때까지 우리는 희망을 잃지 말아야 해.

그럼 안녕! 안네가.

1944년 7월 21일 금요일
키티에게.

지금 우리는 희망에 부풀어 있어. 마침내 모든 일이 제대로 돌아가고 있거든. 놀랍게도 히틀러 암살 사건이 일어났어. 유대 인 공산주의자도, 영국의 자본주의자도 아닌 젊은 독일군 장교의 짓이었대. 애석하게도 미수에 그치고 주모자는 사살되었지만, 이건 독일인들조차도 히틀러의 전쟁에 반대한다는 것을 증명해 준 사건이야.

독일군이 분열되어 자기들끼리 싸워 준다면 연합군에게는

더없이 좋은 일이 될 거야. 사태를 지나치게 낙관적으로 보는 건 경계해야 할 일이지만, 이 사건은 진실이란다.

히틀러는 성명을 발표했어.

"모든 군인은 게슈타포의 명령에 복종해야 한 다. 만약 상관이 총통의 목숨을 노리는 비열한 음모에 가담한 것을 알게 되었다면 병사나 민간인이라도 당장 그자를 사살해도 좋다."

좀 비약해서 말한다면, 앞으로는 상사에게 기합을 받고 불만을 품게 된 졸병이 상사에게 총통의 목숨을 노렸다는 혐의를 씌워 총살할 수도 있게 되었다는 거지.

어쩌면 10월쯤에는 학교에 갈 수 있을 거라고 생각하니 너무 기뻐서 정신이 없을 지경이야.

낙관적으로 생각하지 않겠다고 하고선 또 이러다니……, 나는 모순덩어리인가 봐.

그럼 안녕! 안네가.

1944년 8월 1일 화요일

키티에게.

지난번에 '모순덩어리'라는 말을 했는데, 그건 정확하게 무슨 뜻일까?

내 안에는 두 개의 안네가 있단다. 밖에서 보는 안네는 밝고 쾌활하고 고집세고 잘난 체하는 안네지만, 그 안에는 비밀스러운 또 하나의 안네가 있어.

사실 나는 남들에게 내가 가진 또 다른 면을 잘 보여 주지 않아. 위에서 말한 나의 겉모습 이면에 진지하고 사려 깊은, 훨씬 훌륭한 성품을 갖춘 내가 있다는 것을 보여 주는 것이 왠지 두렵거든. 나를 우습게 보거나 감상적이라고 놀릴까 봐서 말이야. 그래서 밖으로 보이는 나는 늘 경박하고 쾌활한 여자 아이일 뿐이야.

아무도 내 안에 있는 또 하나의 안네를 본 적이 없을 거야. 그 안네는 나와 단둘이 있을 때에만 모습을 드러내거든.

전에도 말했듯이 나는 진심을 모두 내보이지를 않아. 그래서 쾌활한 안네는 말괄량이, 바람둥이, 또는 연애 소설이나 좋아하고 잘난 체하는 아이라는 오해를 받으면서도 대수롭지 않은 양 넘겨 버리지. 하지만 또 하나의 안네는 그 때문에 상처를 받고 열심히 자신을 변화시키려고 노력하곤 해.

마음 속에서 또 다른 안네가 흐느끼는 소리가 들려.

"이제 알겠니? 네가 교만하고 까다롭게 구니까 사람들이 모두 싫어하는 거야. 네 안에 있는 착한 안네의 충고를 들어 보렴."

물론 나도 그러고 싶어. 하지만 잘 안 돼.

안네의 일기

내가 만약 진지하고 심각하게 행동한다면 사람들은 뭔가 연극을 꾸민다고 생각할 테고, 나중에는 어디가 아픈 줄 알고 약을 먹이려 들 거야.

어떻게 하면 내가 진심으로 원하는 그런 사람이 될 수 있을까? 하지만 나는 꼭 그렇게 되고 말 거야. 만약 이 세상에 살고 있는 사람이 나 혼자뿐이라면 말이야.

그럼 안녕! 안네가.

1944년의 일기

〈안네의 일기〉에 대하여

일기를 쓰기 시작할 무렵의 안네

안네 프랑크는 1929년 6월 12일, 유서 깊은 독일의 도시 프랑크푸르트에서 태어났다. 당시 프랑크푸르트는 유대인들이 상업적·문화적 발전을 주도하고 있었다.

존경받는 사업가였던 안네의 아버지 오토 프랑크의 조상은 17세기에 이 도시에서 번성했던 가문이었다. 안네와 언니 마르고는 부모와 친척과 유모에 둘러싸여 사랑이 넘치는 어린 시절을 보냈다.

1933년 1월, 독일이 히틀러가 이끄는 나치스 정당의 손에 들어가자, 그 해 여름 안네의 부모는 두 딸 그리고 베를린 근처의 아헨에 살던 외할머니와 함께 프랑크푸르트를 떠났다. 그들이 간 곳은 네덜란드였으며, 그 곳에서 아버지 오토 프랑크는 식료품 회사를 시작했다.

1934년 봄부터 점점 더 상황이 나빠지면서 제2차 세계 대전의 위험이 커졌지만, 안네 프랑크는 네덜란드의 다른 소녀들처럼 암스테르담에서 행복한 어린 시절을 보냈다. 안네는 몬테소리 학교에 다녔고, 친구들도 많았다. 그리고 멋진 남자 친구도 사귀었다.

그러나 이 모든 상황은 1940년에 독일이 네덜란드를 침략하면서 하루 아침에 변해 버렸다.

독일은 다른 곳에서와 마찬가지로 네덜란드에서도 반유대 인
정책을 펼쳤다. 용감한 네덜란드 인이 이에 저항했지만, 그들은
유대 인을 무조건 검거하여 국외로 추방했다.

독일에 점령당한 뒤, 안네는 강제로 몬테소리 학교를 떠나 유대
인 학교에 다녀야 했다. 하지만 그 곳에서도 여전히 가족과
친구에 둘러싸여 살았으므로 그다지 나쁜 생활은 아니었다.

그러던 1941년 2월, 나치스는 암스테르담에 있는 유대 인에 대한
첫 번째 일제 검거 명령을 내렸다. 체포된 사람들은 격리
수용되었다가 배에 태워서 서부 독일로 보내졌다.

검거가 계속되자, 아버지 오토 프랑크는 가족들의 안전을 위한
새로운 계획을 세우기 시작했다.

그 무렵, 나치스는 오토 프랑크에게 강제로 사업장을 떠나도록
명령했다. 그러나 함께 일했던 네덜란드 인 직원들은 충실하고
친절한 사람들이었다. 오토 프랑크는 그들의 도움을 받아 회사가
있던 빌딩의 위층과 뒤쪽 방 몇 개를 은신처로 준비했다.

1942년 7월 5일, 나치스는 검거자의 숫자를 늘리기 위해
16세밖에 안 된 마르고에게 강제 소환장을 보냈다. 마침내
안네의 가족은 다음 날 아침 집을 빠져 나와
그들의 '비밀 은신처'로 향했다.

그들은 그 곳에서 사업 파트너인 판 단 씨네와
합류했다. 안네의 일기에 쓰인 부인과 15세 된
아들 페터와 함께였다. 그리고 후에 나이 든

안네의 일기장 '키티'

은신처의 비밀 문

치과 의사 알베르트 뒤셀 씨를 숨겨 주었다.

'비밀 은신처'에서 살게 된 여덟 명의 유대 인은 빌딩 아래층 사무실의 업무가 있는 낮 시간에는 죽은 듯이 지냈다. 그들은 오직 빌딩의 업무가 끝난 후인 밤 시간에만 움직였다.

아래층 사무실에서 일하던 그들의 친구들은 비밀을 지켜 주었다. 그들은 음식과 선물을 날라다 주고, 도시에서 일어나는 사건에 대한 뉴스도 전해 주었다.

한편, 밖에서는 유대 인을 일제히 검거하고 네덜란드에서 추방시키는 계획이 착착 진행되었다. 안네 가족이 은신처로 옮겨 갔을 무렵, 최전성기를 맞은 독일은 유럽 곳곳을 정복해 나가고 있었다.

그러나 1942년 가을부터 전세가 조금씩 바뀌었다. 영국과 프랑스를 위주로 한 연합군이 점차 힘을 얻고 있었으며, 미국은 1941년 11월에 이미 연합군에 합류해 있었다. 날마다 연합군 비행기가 유럽의 하늘을 뒤흔들었다.

그리고 1944년 6월, 그토록 기다렸던 프랑스 연합군의 침공이 이루어졌다. 비밀 은신처 안의 사람들은 불법 라디오를 통해 이 소식을 들었다. 안네 가족들은 독일이 패망해서 네덜란드에서 물러가고, 은신처에서 나와 자유를 누릴 수 있는 날이 올 것을 기대했다.

그러나 네덜란드 정보국이 제공한 정보에 의하면, 1944년 8월 4일 게슈타포가 안네 가족이 숨어 있는 장소에 쳐들어왔다. 여덟 명의 유대 인은 그들을 도와 준 몇몇 사람들과 함께 체포되어 게슈타포 암스테르담 본부로 연행되었다.

9월 3일, 연합군이 네덜란드 옆에 있는 벨기에의 수도 브뤼셀을 되찾았다. 그러나 비밀 은신처에서 붙잡힌 여덟 명은 네덜란드를 떠나는 마지막 유대 인 명단에 이미 포함되어 있었다.

기차는 사흘 밤낮을 가다 서다 하면서 독일을 통과해 달려갔다. 사흘째 되는 밤, 기차가 도착한 곳은 유대 인 강제 수용소로 악명 높은 폴란드의 아우슈비츠였다. 2차 세계 대전 중에 이 곳에서만 400만 명의 유대 인이 목숨을 잃었다.

이후, 이들 여덟 명 중 아우슈비츠 유대 인 수용소에서 살아 나온 사람은 안네의 아버지 오토 프랑크뿐이었다. 나머지 일곱 사람은 단지 유대 인이라는 이유로 모두 그 곳에서 희생되었다.

한편, 은신처에서 그들을 도와 주었던 사무실 사람들은 그들이 잡혀 간 후 은신처 마루 위에 흩어져 있던 물건들을 주워 보관하고 있었다. 1945년 5월에 전쟁이 끝나고 안네의 아버지가 암스테르담으로 돌아오자 그들은 보관하고 있던 것을 건네 주었다. 그것은 바로 안네의 일기와 작품 그리고 그림이었다.

안네가 처음으로 썼던 일기

역사 인물 탐구

각권 176쪽 | 값 6,500원

초등 학생을 위한 **세계 명작**

논술대비

미래의 꿈나무인 어린이를 위해 전세계의 이름난 고전들만을 엄선하여 엮었습니다. 각 권마다 작품과 관련되어 사고력을 쑥쑥 키워 주는 논술 문제가 들어 있습니다.

원작 안네 프랑크(1929~1945)
독일 프랑크푸르트에서 태어난 유대 인 소녀로, 이후 네덜란드 암스테르담에서 자랐다.
독일 나치의 박해를 피해 은신처에 숨어 지내는 2년 동안 일기를 쓰면서 외로움을 견뎌 냈다.
1944년 8월에 은신처가 발각되어 유대 인 포로 수용소를 떠돌다가
이듬해 3월, 독일의 베르겐 베르젠 수용소에서 짧은 생을 마감하였다.

엮은이 한상남
충북 제천 출생.
청주 대학교 국문과, 중앙 대학교 신문 방송 대학원 졸업.
1979년 〈한국 문학〉 신인상 수상.
1995년 MBC 창작 동화 대상 수상.
지은 책으로는 시집 〈눈물의 혼〉 〈지상은 향기롭다〉를 비롯하여 〈치즈가 무서워〉
〈단추와 단춧구멍〉 〈간송 선생님이 다시 찾은 우리 문화 유산 이야기〉 등이 있다.

안네의 일기

2008년 4월 5일 초판 1쇄 발행
2013년 8월 15일 중쇄 발행

원 작 안네 프랑크
엮은이 한상남
그린이 이주현
펴낸이 김병준
펴낸곳 (주) 지경사
주 소 서울특별시 강남구 역삼동 790-14호
전 화 (02)557-6351(대표)/(02)557-6352(팩스)
등 록 제10-98호(1978. 11. 12.)

ⓒ (주)지경사, 2008년 printed in Korea.
잘못 만들어진 책은 바꾸어 드립니다.
편집 책임 : 한은선
편집 진행 : 조혜영
ISBN 978-89-319-1987-5 73850
     978-89-319-2007-9 (세트)